अयोध्या माहात्म्य में वर्णित श्री चक्रहरि की प्राचीन प्रतिमा

परम्परा • संस्कृति • विरासत

अयोध्या

संरक्षक

योगी आदित्यनाथ

माननीय मुख्यमंत्री, उत्तर प्रदेश

डॉ. नीलकण्ठ तिवारी

माननीय राज्य मन्त्री (स्वतन्त्र प्रभार)
संस्कृति, पर्यटन, प्रोटोकॉल एवं धर्मार्थ कार्य विभाग, उत्तर प्रदेश

निर्देशन

मुकेश कुमार मेश्राम आई.ए.एस.

प्रमुख सचिव, पर्यटन एवं संस्कृति विभाग, उत्तर प्रदेश
अध्यक्ष, अयोध्या शोध संस्थान

शिशिर आई.ए.एस.

निदेशक, संस्कृति विभाग, उत्तर प्रदेश
उपाध्यक्ष, अयोध्या शोध संस्थान

परिकल्पना

लवकुश द्विवेदी

निदेशक, अयोध्या शोध संस्थान, अयोध्या

शोध एवं लेखन

यतीन्द्र मिश्र

प्रकाशक

वाणी प्रकाशन ग्रुप

वाणी प्रकाशन ग्रुप

ESTD.-1986
अयोध्या शोध संस्थान

परम्परा • संस्कृति • विरासत

अयोध्या

यतीन्द्र मिश्र

वाणी प्रकाशन ग्रुप

4695, 21-ए, दरियागंज, नयी दिल्ली 110 002

फ़ोन : +91 11 23273167 फ़ैक्स : +91 11 23275710

शाखाएँ

अशोक राजपथ, पटना 800 004, बिहार

कॉफ़ी हाउस कैम्पस, महात्मा गांधी मार्ग, इलाहाबाद 211 001, उत्तर प्रदेश

महात्मा गांधी अन्तरराष्ट्रीय हिन्दी विश्वविद्यालय, वर्धा 442 001, महाराष्ट्र

सुल्तानिया रोड, मोतिया पार्क, भोपाल 462 001, मध्य प्रदेश

www.vaniprakashan.com
marketing@vaniprakashan.in
sales@vaniprakashan.in

Photographs @ Vani Prakashan Group
Text @ Yatindra Mishra

AYODHYA (PARAMPARA, SANSKRITI, VIRASAT)
by
YATINDRA MISHRA
History / Culture / Heritage

ISBN: 978-93-5518-086-5

Edition: First 2021
मूल्य: ₹ 7999

इस पुस्तक के किसी भी अंश को किसी भी माध्यम में प्रयोग
करने के लिए प्रकाशक से लिखित अनुमति लेना अनिवार्य है।

थॉमसन प्रेस (इंडिया) लि. में मुद्रित

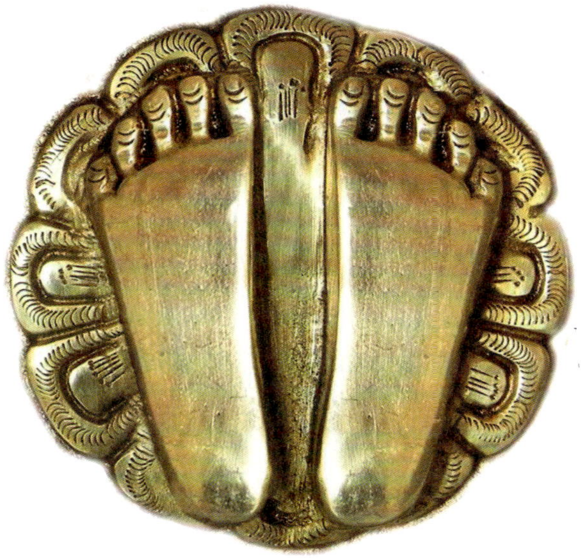

रामो विग्रहवान् धर्मः साधुः सत्यपराक्रमः।
राजा सर्वस्य लोकस्य देवानामिव वासवः॥

-श्रीमद्वाल्मीकि रामायण

राम मूर्तिमान धर्म हैं। वे देवताओं में इन्द्र की भाँति
अमोघ पराक्रम से युक्त, सच्चरित्र और समस्त लोकों के राजा हैं।

श्री राम जानकी की मनमोहक छवि

अवध कम्पनी स्कूल शैली, काग़ज़ पर जलरंग (लगभग 1900 ई.)
यतीन्द्र मिश्र के निजी संग्रह से

प्रस्तावना

सियाराम मय सब जग जानी
करउँ प्रनाम जोरि जुग पानी

अयोध्या की सांस्कृतिक, धार्मिक और आध्यात्मिक परिक्रमा के सन्दर्भ में यह पुस्तक 'अयोध्या: परम्परा, संस्कृति, विरासत' मार्गदर्शी है, क्योंकि इससे पूर्व प्रभु श्रीराम की इस लीलाभूमि को केन्द्रस्थानीय मानकर यहाँ की परम्परा, संस्कृति और विरासत पर एक ही कलेवर में उसकी समग्रता को रेखांकित करने वाला अभिलेखीकरण कम हुआ है। अयोध्या पर विहंगम आलोक डालता हुआ यह दस्तावेज़ इस अर्थ में प्रासंगिक है कि यहाँ विभिन्न धर्मों और उनके मतावलम्बियों की आस्था, विश्वास और लोक-मान्यताओं को सहेजते हुए उन परम्पराओं को भी समेटने का बड़े फ़लक पर विनम्र प्रयास किया गया है, जो आज कहीं सिर्फ़ स्मृतियों में जीवित बची हैं। ऐसी बहुत सारी परम्पराएँ, पर्व और अनुष्ठान अब अयोध्या परिक्षेत्र में मद्धिम पड़ने लगे हैं, जिनकी पहचान करते हुए उन्हें अंकित करना, नयी पीढ़ी को जागरूक करने के लिए आवश्यक लगता है।

यह संयोजन-विविधवर्णी चित्रों, उनके विवरणों और अभिलेखों, विरासत में मौजूद लोकविश्वासों और दन्तकथाओं, ऐतिहासिक रूप से निभाए जाने वाले अनूठे आयोजनों के साथ यहाँ की सन्त-महान्त (महन्त/महन्थ)और विद्वत् परम्परा को केन्द्र में रखते हुए अयोध्या की बहुरंगी छवि को एक मालिका में पिरोने का आत्मीय आयोजन है।

श्रीराम के सर्वसमावेशी चरित्र का प्रतिनिधित्व करती हुई अयोध्या, देश और काल की अनेक विचारधाराओं, उपासनाओं, अनुगूँजों, मान्यताओं, अनुभूतियों और विश्वासों को न केवल सहेजती है, बल्कि उन्हें आत्मसात करके गौरव प्रदान करती है। 'बैरागियों की सराय' कहलाने वाली यह नगरी अपने मूल चरित्र में भी समावेशी बनी रहती है। एक ऐसे समन्वय के सन्तुलित बिन्दु पर एकाग्र, जहाँ अपनी-अपनी धार्मिकता के साथ जैन, बौद्ध, सिख तथा इस्लाम मतों के आस्था केन्द्र भी विद्यमान रहे हैं। यह प्रयास, इस अर्थ में विशेष तौर पर रेखांकित किए जाने योग्य है कि हम अयोध्या के इस चित्रात्मक सन्दर्भ-ग्रन्थ के बहाने न केवल इस नगर की भावनात्मक और सांस्कृतिक अन्तर्यात्रा कर रहे हैं, बल्कि काल की सीमाओं का अतिक्रमण करते हुए आधुनिक समय से भी संवाद स्थापित करने की कोशिश कर रहे हैं। अयोध्या आने की फलश्रुति, मनुष्यता के सबसे बड़े महानायक के आदर्शों का अनुकरण करते हुए स्वयं को उन आदर्शों के प्रति समर्पित करना है। यह पुस्तक, आपको अयोध्या की इस छवि से साक्षात् करने का निमंत्रण देती है और मनुष्यता के सार्वभौम मंगल की आकांक्षा व्यक्त करती है...

- यतीन्द्र मिश्र

अवधपुरी मम पुरी...

अयोध्या की सांस्कृतिक विरासत अत्यन्त समृद्ध है, जिसे मर्यादा पुरुषोत्तम प्रभु श्रीराम की जन्मस्थली और लीलास्थली होने का गौरव प्राप्त है। यहाँ की सांस्कृतिक विरासत को संजोए हुए इस ग्रन्थ को आप सभी को अर्पित करते हुए अयोध्या शोध संस्थान गौरवान्वित है। अयोध्या की महान परम्पराओं और सांस्कृतिक विरासत के प्रतीकों को सँजो कर उसके अभिलेखीकरण को केन्द्र में रखकर प्रस्तुत किये गये इस चित्रात्मक सन्दर्भ-ग्रन्थ की विशिष्टता और प्रासंगिकता इस अर्थ में है कि हम आधुनिक समय में सप्तपुरियों में मोक्षदायिनी अयोध्या की सांस्कृतिक परिक्रमा का अवगाहन कर सकें और एक ऐसे धार्मिक और आध्यात्मिक नगरी का केन्द्रीय विचार जनमानस और व्यापक प्रबुद्ध समाज के समक्ष प्रस्तुत कर सकें, जहाँ से मर्यादा के उच्च आदर्श स्थापित हुए तथा अन्य धर्मों और मतावलम्बियों को समावेशी विस्तार मिला।

अयोध्या के सांस्कृतिक वैभव को विद्वत् समुदाय के साथ-साथ जन सामान्य को महत्त्वपूर्ण जानकारी उपलब्ध कराने के लिए अयोध्या शोध संस्थान को उत्तरदायित्व देने हेतु योगी आदित्यनाथ, माननीय मुख्यमंत्री जी, उत्तर प्रदेश, डॉ. नीलकण्ठ तिवारी, माननीय संस्कृति मंत्री जी, श्री मुकेश कुमार मेश्राम, प्रमुख सचिव, संस्कृति एवं पर्यटन, उत्तर प्रदेश/अध्यक्ष-संस्थान तथा श्री शिशिर, निदेशक-संस्कृति/उपाध्यक्ष-संस्थान का हार्दिक आभार ज्ञापित करता हूँ, जिनके संरक्षण एवं मार्गदर्शन में यह संस्थान ऐसी अनेक अनूठी परियोजनाओं को जनता के सम्मुख प्रकाश में लाने हेतु कृतसंकल्प है।

हम आभारी हैं श्री यतीन्द्र मिश्र, साहित्यकार, अयोध्या के जिन्होंने संस्थान की इस परिकल्पना के अनुरूप शोध सामग्री का संचयन, लेखन तथा क्रियान्वयन में अभूतपूर्व श्रम किया है, जिससे कि यह ग्रन्थ मौलिक और प्रामाणिक आकार ले सका। निःसन्देह श्री मिश्र का यह योगदान संस्थान के लिए अमूल्य निधि है। ग्रन्थ को सुरुचि और कलात्मक उत्कृष्टता के साथ प्रकाशन के लिए श्री अरुण माहेश्वरी, वाणी प्रकाशन, नयी दिल्ली बधाई के पात्र हैं।

यह ग्रन्थ आप सभी महानुभावों और प्रभु श्रीराम में आस्था रखने वाले प्रबुद्धजनों को सादर समर्पित है, जिनकी आस्था और विश्वास अयोध्या को संस्कृति के विश्व मानचित्र पर प्रतिष्ठित होता देखने में गर्व का अनुभव करता है।

- डॉ. लवकुश द्विवेदी

निदेशक

अयोध्या शोध संस्थान, अयोध्या

प्रकाशकीय

श्रीराम की नगरी अवधपुरी पर यह ग्रंथ प्रकाशित करना मेरे लिए प्रकाशकीय कार्यभर न होकर आस्था और परम्परा का मामला भी है। हम सभी के लिए यह गौरव, श्रद्धा और प्रसन्नता की बात है कि अयोध्या शोध संस्थान और वाणी प्रकाशन ग्रुप 'अयोध्या' ग्रन्थ को लेकर आप सभी के बीच उपस्थित हैं।

हज़ारों वर्षों से भारतीय समाज और संस्कृति की आधारशिला मर्यादा पुरुषोत्तम श्रीराम के समावेशी और उदार चरित्र की मुखापेक्षी रही है। कहा जाता है—"हरि अनन्त हरि कथा अनन्ता।" अयोध्या शोध संस्थान के सहयोग से हम अनन्त शोध मालिकाओं का क्रियान्वयन कर रहे हैं।

इस ग्रंथ में उपस्थित सभी चित्र अयोध्या नगरी की लोक-व्याप्ति, पर्व व आनुष्ठानिक पक्षों समेत आध्यात्मिक व सांस्कृतिक प्रभावों को उसी तरह समेटते हैं, जिस तरह से श्रीराम के उदात्त मानवीय गुणों को वाल्मीकि ने अपनी 'रामायण' में ऐतिहासिक दृष्टि से, कालिदास ने 'रघुवंशम्' में काव्यात्मक आख्यान के रूप में तथा भवभूति ने 'उत्तररामचरितम्' में करुणावत्सल मानवीयता की तरह देखा और उल्लेख किया है।

'अयोध्या' ग्रंथ महत्त्वपूर्ण इसलिए भी है कि इसमें सम्मिलित चित्र व उनके विश्लेषण पृथक्-पृथक् ऐतिहासिक और पारम्परिक झरोखों को खोलते हैं और विभिन्न संस्कृतियों का एक पुल बनाते हैं।

यह कुछ-कुछ ऐसा ही है कि प्रभु श्रीराम ने अवधपुरी से ही भारत को एक सूत्र में बाँधा जिससे उनके विचार और चरित्र सम्यक् रूप से उद्भासित हो सकें। भारत में जहाँ विभिन्न मत, विश्वास, विचारों व आस्था केन्द्रों की बहुलता रही है, वहीं श्रीराम सभी में समाहित होते हुए, न सिर्फ अन्तःसलिल होते हैं बल्कि सबके अपने हैं। जो दूर हैं, उसे भी अपनी आत्मीयता के वृत्त में समाहित कर लेते हैं।

यह महत्त्वपूर्ण ग्रन्थ इन्हीं विचारों को केन्द्र मानकर श्रीराम के आदर्शों की एक ऐसी सचित्र झाँकी का निर्माण करता है जिससे गुजरकर हम मानवता, त्याग, आदर्श, विनयशीलता, धर्म, क्षमा, परोपकार, सहयोग, बन्धुत्व और सत्य के अनुसंधान में स्वयं को समर्पित कर सकते हैं।

गोस्वामी तुलसीदास के इस कथन से मैं आप सभी पाठकों का इस ग्रन्थ के ज़रिये अयोध्या नगरी में स्वागत करता हूँ—

सियाराम मय सब जग जानी।
करउँ प्रनाम जोरि जुग पानी ॥

आज इस ग्रंथ की प्रकाशन-वेला पर मुझे अपने पिता जी स्व. श्री डॉ. प्रेमचन्द 'महेश' का शोध प्रबंध 'हिन्दी रामकाव्य का स्वरूप और विकास: बदलते युगबोध के परिप्रेक्ष्य में' का स्मरण हो रहा है, जो सन् 1978 में पीएच.डी. उपाधि के लिए मेरठ विश्वविद्यालय द्वारा स्वीकार किया गया था।

प्रेरणा के स्रोत घर के आँगन में उपजते हैं, और यही भविष्य में छायादार पेड़ बनते हैं। तो आइए, इस बीजारोपण उत्सव में आप और हम मिलकर भारत की भावी पीढ़ियों के लिए राम मय संस्कारों की नींव रखें और एक साहित्यिक और सांस्कृतिक सेतु का निर्माण करें।

—अरुण माहेश्वरी

चेयरमैन व प्रबंध निदेशक

वाणी प्रकाशन ग्रुप

To Bikramajit the restoration of the neglected and forest-concealed Ajodhya is universally attributed. His main clue in tracing the ancient city was, of course, the holy river Sarju, and his next was the shrine, still known as Nageshwar-nath, which is dedicated to Mahadeo, and which presumably escaped the devastations of the Buddhist and Atheist periods. With these clues and aided by descriptions which he found recorded in ancient manuscripts, the different spots rendered sacred by association with the worldly acts of the deified Rama were identified, and Bikramajit is said to have indicated the different shrines to which pilgrims from afar still in thousands half-yearly flock. Sir H. Elliot mentions that on the occasion of Bikramajit's visit to Ajodhya he erected temples at three hundred and sixty places rendered sacred by association with Rama. The Janamasthan marks the place where Ramchandra was born. The Swargaddwar is the gate through which he passed into paradise, possibly the spot where his body was burned. The Treta-ke-Thakur was famous as the place where Rama performed a great sacrifice, and which he commemorated by setting up there images of himself and Sita.

Gazetteer Of Oudh, 1877-78

अष्टचक्रा नवद्वारा देवानां पूरयोध्या
तस्यां हिरण्मयः कोशः स्वर्गो ज्योतिषावृतः

- अथर्ववेद

Ayodhya is a place of great antiquity. In addition to its strictly historical importance, it has great religious and cultural consequence. In ancient times the country round about Ayodhya was known as Kosala and both find mention in ancient literature. The first three Vedas, however, do not mention either Kosala or its capital, Ayodhya; it is only in the Atharvaveda that the city has been described as having been built by the gods and being as prosperous as paradise itself.

Uttar Pradesh District Gazetteer, Faizabad, 1960

अयोध्या शोध संस्थान द्वारा प्रकाशित 'अयोध्या माहात्म्य' ग्रन्थ से साभार

गोप्रतार घाट का विहंगम दृश्य

जिन्ह के श्रवन समुद्र समाना। कथा तुम्हारि सुभग सरि नाना
भरहिं निरन्तर होहिं न पूरे। तिन्ह के हिय तुम्ह कहुँ गृह रूरे
-श्रीरामचरितमानस

श्री राम और जानकी जी के मनोहारी लीला-स्वरूप

धीरोदात्त नायक
धनुर्धर श्री राम तथा उनके
अनुज श्री लक्ष्मण जी

श्रीरामजन्मभूमि - भगवान श्रीराम के प्राकट्य की मुख्य भूमि, श्रीरामकोट के केन्द्र में स्थित। त्रेताकालीन भगवान की जन्मस्थली, जो सम्राट विक्रमादित्य के द्वारा पुनः प्रकाश में लाई गयी और भव्य मन्दिर का निर्माण कराया गया। पौराणिक माहात्म्य के अनुसार रामोपासना की सर्वोत्कृष्ट पीठ श्रीरामजमन्भूमि, अयोध्या की सम्पूर्ण महिमा का प्राण-तत्त्व है। नित्य दर्शन, परिक्रमा और दैनिक प्रार्थना में चिरकाल से श्रीरामजन्मभूमि प्रतिष्ठित है। स्कन्द पुराण के अनुसार एक बार भी जो मनुष्य जन्मभूमि का दर्शन कर लेता है, उसका पुनः संसार में आवागमन नहीं होता। श्रीरामनवमी पर्व, यहाँ का सबसे बड़ा उत्सव है।

श्रीरामजन्मभूमि के अस्थायी मन्दिर में विराजमान श्री रामलला अपने भाइयों समेत

राजेन्द्रं सत्यसंधं दशरथतनयं श्यामलं शान्तमूर्तिं
वन्दे लोकाभिरामं रघुकुलतिलकं राघवं रावणारिम्

- रामरक्षास्तोत्रम्

लक्ष्मण जी के पूर्वज, रघुकुल में श्रेष्ठ, सीताजी के स्वामी, अति सुन्दर, ककुत्स्थकुलनन्दन, करुणासागर, गुणनिधान, ब्राह्मणभक्त, परम धार्मिक, राजराजेश्वर, सत्यनिष्ठ, दशरथ पुत्र, श्याम और शान्तमूर्ति, सम्पूर्ण लोकों में सुन्दर, रघुकुलतिलक, राघव और रावणारि भगवान राम की मैं वन्दना करता हूँ।

स्कन्द पुराण में
वर्णित अतिप्राचीन
श्री मत्तगजेन्द्र का विग्रह

श्री मत्तगजेन्द्र, विभीषण के बड़े पुत्र, जो श्रीरामकोट के रक्षक के रूप में प्रतिष्ठित हैं। प्रत्येक वर्ष होली पर्व के बाद पड़ने वाले पहले मंगलवार (बुढ़वा मंगल) के दिन मत्तगजेन्द्र या मातगैंड़ का मेला लगता है, जिसमें स्थानीय लोगों की अपार भीड़ होती है। इस दिन इन्हें हरे चने चढ़ाने का विधान है। अयोध्या में कोई भी हिन्दू नव-विवाहित दम्पति इनके दर्शन के बग़ैर अपना गार्हस्थ्य जीवन आरम्भ नहीं करता, ऐसी मान्यता है। उस अवसर पर नवविवाहित जोड़े द्वारा इन्हें घी और कौड़ी (पुराने प्रचलन की मुद्रा) चढ़ाई जाती है। इन्हें 'शहर कोतवाल' भी कहा जाता है। लोक विश्वास है कि अयोध्या परिक्षेत्र और आस-पास के इलाकों में यदि किसी के पशुधन को पीड़ा या क्षति होती है, तो यहाँ आकर प्रार्थना करने और इस स्थान से दूर्वा-घास ले जाकर पशु को खिलाने से समस्या का समाधान होता है। पशु के निरोगी हो जाने पर उसका स्वामी दूध लाकर मत्तगजेन्द्र जी को चढ़ाता है। स्कन्द पुराण के अनुसार अयोध्या में सरयू स्नान के बाद नित्य दर्शन के क्रम में पहला दर्शन श्री मत्तगजेन्द्र जी का करना चाहिए।

शहर कोतवाल की प्रतिमा

चली सुभग कविता सरिता सों
राम बिमल जस जल भरिता सों

-रामचरितमानस

अयोध्यापुरी के इतिहास-भूगोल को प्रमाणित करती हुई सरयू नदी मानसरोवर से चलकर बिहार प्रान्त में जाकर गंगा नदी में मिलती है। सरोवर से उत्पन्न होने के कारण इसका नाम सरयू है। अयोध्यापुरी इसी नदी के तट पर 12 योजन की लम्बाई (लगभग 145 कि.मी.) और 3 योजन (लगभग 36 कि.मी.) के परिमाण में स्थित है। पुराणोक्त माहात्म्य के आधार पर महर्षि वशिष्ठ के द्वारा लायी जाने से 'वाशिष्ठी' तथा भगवान के नेत्रों से प्रकट होने के कारण 'नेत्रजा' भी इसके नाम हैं। अयोध्या में श्रीराम के समकक्ष ही सरयू की आराधना होती है। सरयू को द्रव रूप में श्रीराम माना जाता है और इसमें स्नान करने से मनुष्य को प्रारब्ध भोग से मुक्ति प्राप्त होती है। अयोध्या में सरयू का जन्मोत्सव मनाने के साथ ही एक देवी के रूप में उनकी प्रतिष्ठा है, जिनकी नित्य आराधना अयोध्या की परम्परा में शामिल है।

राम की पैड़ी पर नागेश्वरनाथ महादेव से सटा हुआ सरयू जी का मन्दिर। यह मन्दिर अतिप्राचीन नहीं है, फिर भी पिछली शताब्दी में निर्मित यहाँ की वास्तुकला में सुन्दर टाइलों का आकर्षक उपयोग। दक्षिण भारतीय पण्डितों की वेदपाठ ध्वनि के साथ एक समय इनकी बड़े सुन्दर भाव से आरती की जाती थी, जो परम्परा थोड़े शिथिल रूप में अभी भी विद्यमान है। ज्येष्ठ मास की पूर्णिमा के दिन सरयू जयन्ती का उत्सव भव्यता से सम्पन्न होता है।

महान्त शशिकान्त दास ने 'आंजनेय सेवा संस्थान' के माध्यम से अप्रैल 2013 में वासन्तिक नवरात्र की तृतीया से सरयू जी की आरती आरम्भ की थी, जो अहर्निश चल रही है। प्रत्येक पूर्णिमा को सरयू जी की भव्य झाँकी सजाई जाती है। ज्येष्ठ पूर्णिमा के दिन अयोध्यावासी सरयू जयन्ती (जन्मोत्सव) का पर्व मनाते हैं।

अयोध्या की चौदह कोसी परिक्रमा परिधि के भीतर उपस्थित श्री शीतला देवी (बड़ी देवकाली मन्दिर) प्रांगण में स्थित 'राम मन्दिर' में स्थापित सरयू जी की सफ़ेद संगमरमर की प्रतिमा। इनके दोनों और अष्ट सखियाँ मौजूद हैं। उनके दिव्य स्वरूप की सज्जा के लिए मस्तक पर बेंदी (बिन्दी) और नाक में बड़ी नथ सुशोभित है। कानों में बड़े कर्णफूल तथा झुमकों समेत कई प्रकार के हार पहनाये गये हैं। सरयू माँ के एक हाथ में पद्म और दूसरे हाथ में उनके जल में वास करने वाली मीन उपस्थित है।

अयोध्या का पौराणिक महत्त्व स्थापित करने में सरयू नदी की असाधारण भूमिका है। अयोध्या के उत्तर-पूर्व को धनुषाकार घेरती हुई सरयू गुप्तहरि, चक्रहरि, विघ्नेश्वर, यमस्थल, चक्रतीर्थ, प्रह्लादघाट, ब्रह्मकुण्ड, ऋणमोचन, पापमोचन, सहस्रधारा, चन्द्रहरि, नागेश्वरनाथ, स्वर्गद्वार, रामघाट, शृंगीऋषि आश्रम, वाल्मीकि आश्रम तथा बिल्वहरि आदि तीर्थों को उद्भासित करती है। तीर्थ की अवधारणा जल से ही निर्मित होती है, क्योंकि तीर्थ का एक अर्थ तारने वाला होता है। अयोध्या इस अवधारणा को चरितार्थ करती हुई, सरयू के अतिरिक्त तिलोदकी गंगा (तिलई), तमसा (मड़हा), वेदश्रुति (बिसुही), धेनुमती (गोमती) तथा मंजूषा (मझुई) की पवित्र जलधारा से अभिसिंचित है।

अयोध्या में सरयू तट पर महाआरती

नदी पुनीत सुमानस नंदिनि

हनुमान गढ़ी

सीताराम
सीताराम
सीताराम
सीताराम
सीताराम
सीताराम
सीताराम

प्राचीन हनुमान गढ़ी के गर्भगृह का कपाट

आंजनेय

पवनसुत

केसरीनन्दन

महावीर

अंजनीपुत्र

मारुतिनंदन

रामदूत

हनुमत

कपीश्वर

बजरंगी

सम्राट विक्रमादित्य के द्वारा उद्भासित अयोध्या के प्रमुख मन्दिरों में श्री हनुमानगढ़ी एक है। प्रसिद्धि है कि श्रीराम के परधाम-गमन के बाद अयोध्या श्री हनुमान जी के संरक्षण में आ गयी। एक ऊँचे टीले पर स्थित होने के कारण इसे गढ़ी कहा जाता है, जो विशाल परकोटे से घिरी हुई है। अतीत में भग्न हो चुके इस मन्दिर को श्री हनुमान जी की कृपा से अभिभूत अवध नवाब आसिफ़ुद्दौला के प्रधानमंत्री महाराज टिकैतराय ने भव्य रूप प्रदान कराया। यह मन्दिर रामानन्दीय उपासना का प्रमुख केन्द्र है, जो उसकी आचार परम्परा का विनियामक संस्थान भी है। यहाँ की व्यवस्था चार पट्टियों में विकसित है, जो क्रमशः 'उज्जैनिया', 'बसन्तिया', 'सागरिया' और 'हरिद्वारी' कहलाती है। चारों पट्टियों के अलग-अलग महान्त होते हैं और सबके ऊपर एक विशिष्ट महान्त होते हैं, जिन्हें 'गद्दीनशीन' कहा जाता है। यहाँ के साधु नागा परम्परा का प्रतिनिधित्व करते हैं। इस मन्दिर में सभी पारम्परिक उत्सवों के साथ, कार्तिक कृष्ण चतुर्दशी (छोटी दीपावली) को श्री हनुमान जी का जन्म भव्यता से मनाया जाता है।

अंजनी माता की गोद में
बालरूप में श्री हनुमंतलाल जी

श्री हनुमानगढ़ी का प्रांगण

मंगल मूरति मारुति नंदन
सकल अमंगल मूल निकंदन

श्री अयोध्या शोभा

श्री कोशला अवध सत्या साकेत अयोध्या प्यारी
अपराजिता अमल विमला सुचि सत्य लोक श्रमहारी
श्री सुन्दर प्रमोदवन सत चित घन आनन्द बिहारी
युगलानन्य शरन रघुवरपुर नाम परम मुदकारी
- युगलानन्यशरण 'हेमलता' (धाम कांति)

श्री कोशला, अवध, सत्या, साकेत, अयोध्या, अपराजिता, बिमला, सत्यलोक, श्री प्रमोदवन आदि नाम सच्चिदानन्द रूप हैं। युगलानन्यशरण कहते हैं कि श्रीरघुवर के पुरी के ये नाम परमानन्द देने वाले हैं।

अयोध्या की संज्ञाएँ

सत्या विशाखा
भूवैकुण्ठ अपराजिता
कोशला साकेत देवपुरी

अवधपुरी निजधाम परम अति सुन्दर राजै
हाटक मणिमय सदन नगन की कान्ति विराजै
भवन-भवन चित्राम चित्र की रम्भा सोहैं
बनज सुतन की पाँति कान्ति गोखन मग जोहैं
तोरण केतु पताक ध्वजा तहँ परम सोहाई
मनो रघुवर हितकरन आय त्रिभुवन छवि छाई
वीथी बगर बजार रतन खँचि ज्योति उजासा
रहन न पावै तिमिर सहज ही होति प्रकाशा
देखि पुरी छवि भरी मध्य के अटकत रथ रवि
हर्षहिं वर्षहिं सुमन विवुधजन निरखि पुरी छवि
श्रीरघुवर यश भरी पुरी वर-वर की दायन
धर्मशील नर नारि सबै प्रभु सुयश परायन
गावत रघुवर चरित मिलत जित तित ते भामिनि
स्वर अस कोकिल नाद रूपजनु दमकति दामिनि
निकटहिं सरयू सरित धरे अस उज्ज्वल धारा
भवसागर को तरण विदित यह पोत उदारा
करैं जो मज्जन पान धन्य बड़ भाग जनन के
विविध भाँति के घाट तहाँ मन थकित मुनिन के
-अग्रदास (ध्यानमंजरी)

अयोध्या में रामोपासना का सबसे मनोहारी मन्दिर कनक भवन है। इसका निर्माण ओरछा की महारानी वृषभानु कुँवरि जू देवी ने कराया था, जिसके प्रबन्धन के लिए सन् 1900 ई. में 'श्री वृषभान धर्म सेतु प्राइवेट ट्रस्ट' की स्थापना की गयी। प्राचीन मान्यता के अनुसार यह मन्दिर सोने का बना था, जिसे राम-विवाह के उपरान्त महारानी कैकेयी ने सीता जी को मुँह दिखाई स्वरूप भेंट में उन्हें दिया था। पारम्परिक रूप से यहाँ वर्ष भर श्रीराम के जीवन प्रसंगों से सम्बन्धित पर्व, उत्सव चलते रहते हैं। श्रीरामजन्म, जानकी नवमी, सावन झूलनोत्सव, विजयादशमी, शरद पूर्णिमा, दीपावली, कार्तिक पूर्णिमा स्नान एवं राम-विवाह विशेष पर्व हैं। यह तथ्य भी जानना महत्त्वपूर्ण है कि ओरछा रियासत द्वारा स्थापित, संरक्षित और संचालित श्रीराम के मन्दिरों में कनक भवन, अयोध्या, राम राजा मन्दिर, ओरछा तथा जानकी मन्दिर, जनकपुर धाम (नेपाल) आते हैं।

सियारानी का अचल सुहाग रहे
राजा राम के सिर पर पाग रहे
जब तक यह सीस अहिवात रहे
गंगा जमुना की धारा बहती रहे
नित कनकबिहारी बिराज रहे
नित भरा पूरा दरबार रहे

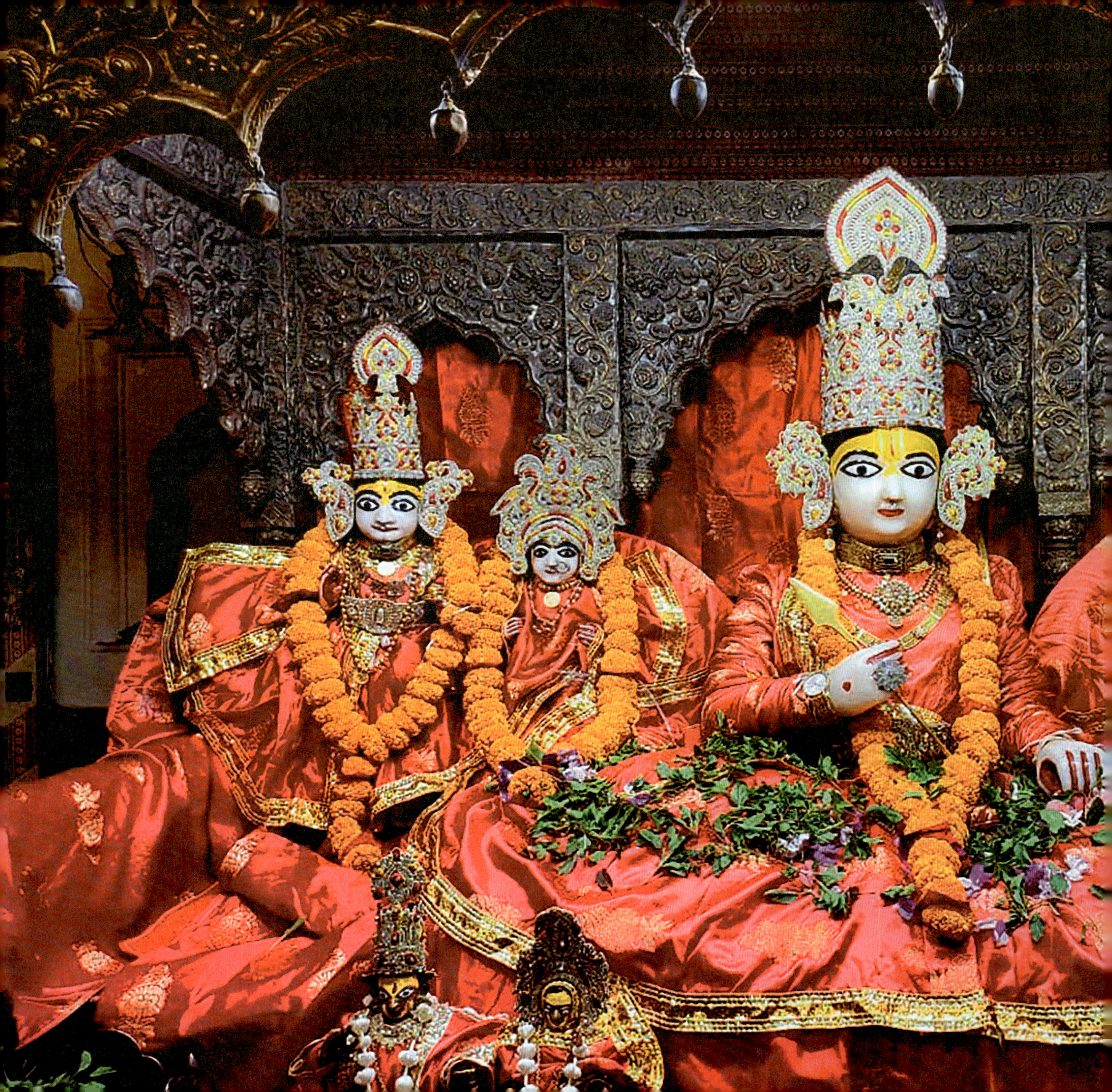

श्री कनकबिहारी-बिहारिणी जू सरकार

श्रीराम-जानकी के राजमुकुट

श्री कनकबिहारी सरकार के चरण-चिह्न

श्रीराम-जानकी के ज्यौनार के पात्र

श्रीराम-जानकी का अंत:पुर

कनक भवन

त्रिदेवियाँ
महालक्ष्मी
महाकाली
महासरस्वती

अयोध्या की चौदह कोसी परिक्रमा परिधि के भीतर जितने पौराणिक तीर्थ आदरणीय माने जाते हैं, उन देवी-स्थानों में 'श्री शीतला देवी'; (वर्तमान में बड़ी देवकाली मन्दिर के नाम से प्रसिद्ध) सर्वोपरि है। जितने भी पुरालेख और जनश्रुतियाँ प्राप्त होती हैं, उन सब में कुछ-कुछ अन्तर के साथ इस मन्दिर की स्थापना की चर्चा हुई है। सबसे प्रामाणिक कथा के अनुसार राजा रघु को भगवती ने स्वप्न दिखाया कि महाशतचण्डी यज्ञ करो, तभी युद्ध में विजयी होगे। इस पर राजा रघु ने यज्ञ किया और युद्ध जीता। बाद में फिर उन्होंने यहाँ शीतला माँ का मन्दिर बनवाया। जन-जन में व्याप्त लोक आस्था यह कहती है कि यहाँ पर स्थापित त्रिदेवियाँ, भगवान श्रीरामचन्द्र की कुल देवी हैं। राम की कुलदेवियों में जिन चार अन्य शक्तियों की गणना होती है, उनमें श्री शीतला देवी (बड़ी देवकाली) को छोड़कर तीन अन्य देवियाँ क्रमश: श्री चुटकी देवी, श्री बंदी देवी (जालपा) और श्री लोटनी भवानी हैं।

बड़ी देवकाली का प्राचीन कुण्ड

देखा राम ने, सामने श्री दुर्गा, भास्वर
वामपद असुर-स्कन्ध पर, रहा दक्षिण हरि पर।
ज्योतिर्मय रूप, हस्त दश विविध अस्त्र सज्जित,
मन्द स्मिता मुख, लख हुई विश्व की श्री लज्जित।

हैं दक्षिण में लक्ष्मी, सरस्वती वाम भाग,
दक्षिण गणेश, कार्तिक बायें रणरंग राग,
मस्तक पर शंकर! पदपद्मों पर श्रद्धाभर
श्री राधव हुए प्रणत मन्द स्वर वन्दन कर।

'होगी जय, होगी जय, हे पुरुषोत्तम नवीन।'
कह महाशक्ति राम के वदन में हुई लीन।

- सूर्यकान्त त्रिपाठी 'निराला'
राम की शक्ति पूजा

श्रीराम की कुलदेवी श्री शीतलादेवी (बड़ी देवकाली)
अयोध्या माहात्म्य में वर्णित प्राचीन त्रिदेवियों का तीर्थ

जालपा देवी के चरण चिह्न (गर्भगृह)

चुटकी देवी के चरण चिह्न (मन्दिर के बाहर)

चुटकी देवी के चरण चिह्न (गर्भगृह)

प्रभु श्रीराम की कुलदेवियों में से एक, जालपा जी का स्थान अयोध्या की पंचकोसी परिक्रमा परिधि पर स्थित है। 'जालपा' संस्कृत का शब्द है, जिसका अर्थ 'जालेनपाति' से रक्षा के सन्दर्भ में लिया जाता है। आशय है कि ये देवी बन्धन, जेल, कारागार से मुक्ति दिलाती हैं। इन्हें बन्दी देवी भी कहते हैं।

अयोध्या परिक्षेत्र में समस्त देवी स्थलों पर विशेष पर्वों और अनुष्ठानों के दौरान 'पचरा गायन' की प्राचीन परम्परा है। इसमें स्त्रियाँ देवी का आह्वान गीत गाती हैं और मन्दिर प्रांगण या देवी चौरा में स्थित नीम के पेड़ के नीचे गाजे-बाजे के साथ यह गीत गाये जाते हैं। यह परम्परा अयोध्या या अवध क्षेत्र की ख़ास पहचान है।

बजत बजन आवे, आवे असवरिया

हो बजत आवे ना

सातों बहिनी कै जोड़वा

हो नचत आवे ना

श्री लोटनी भवानी का प्राचीन शिलापट विग्रह

श्रीराम के वंश में चार कुल देवियों की मान्यता है, जिसमें श्री शीतला देवी (बड़ी देवकाली), श्री चुटकी देवी, श्री बन्दी देवी (जालपा देवी) और श्री लोटनी भवानी हैं। श्री लोटनी भवानी का विग्रह एक शिलापट पर मातृकाओं के रूप में अंकित है। अयोध्या के तुलसी नगर (ब्रह्मर्षि टोला) में स्थित इनका मन्दिर प्राचीनतम शक्ति उपासना केन्द्र के रूप में प्रसिद्ध है। लोकमान्यता के अनुसार मुक्ति की अधिष्ठात्री देवी भगवान श्रीराम के चरणों में आकर कहती हैं कि सारी दुनिया को मैं मुक्त करती हूँ, परन्तु मेरी मुक्ति कब होगी? इस पर प्रभु श्रीराम कहते हैं- अयोध्या की रज (धूल) में लोटने से तुमको भी मुक्ति की प्राप्ति होगी। इसी समय से मुक्ति देवी, लोटनी भवानी के रूप में प्रसिद्ध हुईं-

मुक्ति कहै रघुनाथ से मेरी मुक्ति बताय
अवध धाम की रज में लोटत मुक्ति-मुक्त होय जाय

जय जय गिरिवर राजकिशोरी
जय महेस मुख चन्द्र चकोरी

छोटे से गर्भगृह में श्री जानकी जी के मायके से आयीं उनकी कुल देवी या अन्तःपुर की अधिष्ठात्री देवी के रूप में प्रतिष्ठित श्री छोटी देवकाली जी की बड़ी और प्राचीन मान्यता है। परम्परा में यह सर्वमान्य है कि जानकी जी मिथिला में इन्हीं गिरिवरराजकिशोरी जी की पूजा करती थीं, जिन्हें विवाहोपरान्त अपने साथ विदा कराकर ससुराल ले आयीं और उन्हें इस भाव से प्रतिष्ठित किया कि वे प्रतिदिन उनका पूजन-अर्चन कर सकें। इसी कारण यह लोक विश्वास भी प्रचलित है कि छोटी देवकाली जी की पूजा, उपासना और दर्शन से कुँवारी कन्याओं को मनोवांछित वर प्राप्त होता है। वासन्तिक और शारदीय, दोनों नवरात्रि में यहाँ विशेष उत्सव सम्पन्न होते हैं।

मिथिला से पधारीं जानकी जी की कुलदेवी श्री गिरिवरराजकिशोरी जी मान्यता है यह देवी त्रेताकालीन हैं।

वासुदेव घाट में स्थित नारायण आश्रम दशनामी संन्यासियों की परम्परा में 'गिरि' परम्परा के अन्तर्गत आता है। स्वामी श्री सनकानन्द गिरि ने इसे स्थापित किया था, जो पंचदेव उपासक थे। उन्हें स्मार्त परम्परा में गिना जाता है। आदिगुरु शंकराचार्य की अद्वैत परम्परा का निर्वहन करने वाला, अयोध्या में एकमात्र प्रामाणिक व प्रसिद्ध स्थान नारायण आश्रम है। देवी दुर्गा की आराधना का यह प्रमुख स्थल है।

भवानी दयानी महावाखबानी
सुर नर मुनि जन मानी
सकला बुध ज्ञानी

- राग भैरवी में निबद्ध सादरा की बंदिश

है नीको मेरो देवता कोसलपति राम
सुभग सरोरुह लोचन, सुठि सुन्दर स्याम

सिय-समेत सोहत सदा छबि अमित अनंग
भुज बिसाल सर धनु धरे, कटि चारु निषंग

बलिपूजा चाहत नहीं, चाहत एक प्रीति
सुमिरत ही मानै भलो, पावन सब रीति

देहि सकल सुख, दुख दहै, आरत-जन-बन्धु
गुन गहि, अघ-औगुन हरै, अस करुनासिन्धु

देस-काल-पूरन सदा बद बेद पुरान
सबको प्रभु, सबमें बसै, सबकी गति जान

को करि कोटिक कामना, पूजै बहु देव
तुलसिदास तेहि से इये, संकर जेहि सेव

- तुलसीदास (विनय पत्रिका)

भरत की तपस्थली नन्दीग्राम पर बने नवीन मन्दिर के गर्भगृह के बाहरी दीवार पर विष्णु की एक प्रतिमा स्थापित है। यह प्रतिमा प्रस्तर फलक पर निर्मित है, जिसमें विष्णु के सिर पर मुकुट सुसज्जित है और इस किरीट के पृष्ठ भाग में वृत्ताकार प्रभा-मण्डल बना है। देवता के कानों का कुण्डल पारम्परिक है और गले के हार की सभी आलंकारिक पत्तियाँ अलग-अलग हैं। बायें कन्धे से लटकता हुआ यज्ञोपवीत उनके कटि प्रदेश को स्पर्श करता है। देवता का निचला हाथ वरद मुद्रा में तथा ऊपरी दायें हाथ में गदा शोभायमान है। वहीं बायें हाथ में चक्र तथा निचले बायें हाथ में शंख का निरूपण हैं। प्रभामण्डल के दायें ब्रह्मा और बायें शिव का अंकन है। इस मूर्ति अंकन में कई और भी मुद्राएँ और आकृतियाँ अंकित हैं, जिनमें चक्र पुरुष, लक्ष्मी, पूजारत स्त्री और पुरुष समेत मानव आकृतियाँ भी आसीन हैं। इस प्रतिमा में कुल मिलाकर तेरह आकृतियाँ बनी हैं, जो समभंग मुद्रा में भगवान विष्णु की मनोहारी छवि का दार्शनिक निरूपण भी करती हैं। भरत-कुण्ड में मौजूद इस कलात्मक व पौराणिक देव प्रतिमा के अलावा तमाम कुण्डों, कालिका देवी के मन्दिर और अन्यान्य धार्मिक स्थापत्यों का अपना महत्त्व है।

भरत तपस्थली: श्री भरत-हनुमान जी का मिलन

भरत गुफा

भरत तपस्थली: धनुर्धर श्रीराम

भरत तपस्थली: मान्यता है कि
ये पौराणिक काल के श्री हनुमान जी हैं

प्रस्तर अंकन में श्री भरत और श्रीराम पादुका

पौराणिक कालिका देवी की प्रतिमा

श्राद्ध-कर्म

अवध क्षेत्र में इसी स्थान पर मौजूद त्रेताकालीन 'गया-कुण्ड' भी है, जहाँ पितरों का श्राद्ध-कर्म और पिण्ड-दान किया जाता है। 'श्री अयोध्या माहात्म्य' के अनुसार-'श्रीराम ने गया नामक तीर्थ का यहीं पर आवाहन किया था, तभी से विसर्जन के समय की एक वेदी यहीं अयोध्या क्षेत्र में विराजमान है। भरत-कुण्ड के दक्षिण तट पर स्थित इस प्रसिद्ध कुण्ड से इस क्षेत्र की जनता गया तीर्थ की यात्रा प्रारम्भ करती है।' कुछ लोग गया श्राद्ध के उपरान्त यहाँ पर भी पितृ श्राद्ध करते हैं। जिस तरह समस्त हिन्दू संस्कृति के लिए श्राद्ध-कर्म और पिण्ड-दान का आदि श्रेत्र बिहार राज्य के गया तीर्थ को हासिल है, ठीक उसी तरह पूर्वी उत्तर प्रदेश में या कि अवध क्षेत्र में तर्पण के लिए 'भरत-कुण्ड' तीर्थ के 'गया-कुण्ड' की प्रतिष्ठा सर्वोपरि है। लोक मान्यता के अनुसार सोमवती अमावस्या के दिन यहाँ श्राद्ध का विशेष महत्व है, हालाँकि किसी भी अमावस्या को यहाँ पर तर्पण किया जा सकता है।

पौराणिक गया-कुण्ड

श्रीराम के वन-गमन के उपरान्त उनकी पादुका लेकर अयोध्या लौटे श्री भरत ने राजधानी में न रहते हुए अयोध्या के समीप नन्दीग्राम में वनवास जैसे जीवन का चुनाव किया। चौदह वर्षों तक श्रीराम की पादुका का पूजन करते हुए कठोर तप के माध्यम से उन्होंने श्रीराम की प्रतीक्षा की। श्री भरत की तपस्या से प्रसिद्ध हुए इस स्थान को 'भरत कुण्ड' के नाम से जाना जाता है। प्रसिद्ध है कि वनवास से लौटते हुए श्रीराम का सन्देश लेकर ब्राह्मण वेषधारी हनुमान जी यहीं श्री भरत से मिलने आए। अयोध्या के प्राचीनतम तीर्थों में से एक, 'भरत कुण्ड' में तीर्थ यात्रियों के द्वारा श्राद्ध-कर्म करने की भी परम्परा रही है। श्राद्ध के निमित्त उपयोग होने वाले जलाशय को 'गया कुण्ड' के नाम से जाना जाता है। 'भरत कुण्ड' परिक्षेत्र में 'जटा कुण्ड', 'शत्रुघ्न कुण्ड', 'पिशाचमोचन' और 'हत्याहरण तीर्थ' भी विद्यमान है। 'कालिका देवी' के मन्दिर से संयुक्त यह सम्पूर्ण क्षेत्र अयोध्या माहात्म्य के महत्त्वपूर्ण स्थलों में चिन्हित है। यह स्थान धार्मिक, आध्यात्मिक महत्त्व के साथ ही श्री भरत के लोकोत्तर भ्रातृभाव से उदात्त मानवीय मूल्यों का प्रतिमान भी स्थापित करता है।

जे गुरु पद अम्बुज अनुरागी
ते लोकहुँ बेदहुँ बड़भागी
गुरु के बचन प्रतीति न जेही
सपनेहुँ सुगम न सुख सिधि तेही

— श्रीरामचरितमानस

अशर्फ़ी भवन के जगमोहन में वेद-पाठी शिक्षार्थी

पौराणिक श्रीराम के कुलदेवता श्रीरंग जी के रंगमहल मंदिर का प्रांगण

तीन सौ वर्ष प्राचीन श्रीरंग जी का रंग महल मन्दिर

अयोध्या में लगभग तीन सौ साल पुरानी परम्परा का मन्दिर। रामोपासना की रसिक परम्परा (सखी सम्प्रदाय) के शीर्षस्थ मन्दिरों में से एक, जिसे भगवान श्रीराम के कुल देवता श्री रंगनाथ जी के उपासना केन्द्र होने का गौरव प्राप्त है। इस मन्दिर के सन्दर्भ में यह जनश्रुति प्रचलित है कि यहाँ पर कौशल्या जी, श्री रंगनाथ भगवान की पूजा किया करती थीं। यह अयोध्या का अकेला ऐसा मन्दिर है, जहाँ सावन मास पर्यन्त चारों भाइयों श्रीराम, भरत, लक्ष्मण एवं शत्रुघ्न के युगल स्वरूप का झूला पड़ता है। यह मन्दिर अयोध्या के विशिष्ट उपासक एवं पदावलीकार आचार्य स्वामी श्री सरयूशरण जी महाराज (सरयूसखी) के कारण विशेष महत्त्व का माना जाता है। आरती के समय यहाँ अर्चक घूँघट डालकर आरती सम्पादित करते हैं।

होली के पर्व पर श्री हनुमानगढ़ी की चारों पट्टियों क्रमशः हरिद्वारी, उज्जैनिया, बसन्तिया और सागरिया के नागा होली खेलने रंगमहल आते हैं और बधाई के गीत गाते हैं। रंग खेलने की परम्परा को लेकर ही इस स्थान का नाम संस्कार 'रंगमहल' किया गया। यह पद होली की परम्परा का विशेष चर्चित है-

'रंगीले रंगमहल में खेल रहे दोउ फाग'।

यहाँ के पूजा-विधान में विनय-पत्रिका, रामचरितमानस और दोहावली से पाठ की परम्परा है। वाल्मीकि रामायण के पाठ साथ ही रामरक्षास्तोत्र और रामस्तवराज का पाठ रंगमहल की परम्परा में महत्त्वपूर्ण माना जाता है।

यहाँ पर श्रीराम (ठाकुर जी) इतने सुकुमार स्वरूप में विराजित हैं कि उनके शयन आरती के बाद यह पद परम्परा में प्रतिदिन गाया जाता है-

सो गये जुगल किशोर महल बिच
नूपुर दाब चलो मोरी सखियाँ
रुनक-झुनक न होय महल बिच
पहरेदार सजग होय रहियो
आवागमन न होय महल बिच

पंचमहादेव

नागेश्वरनाथ

क्षीरेश्वरनाथ

कोटेश्वरनाथ

मंत्रेश्वरनाथ

विघ्नेश्वरनाथ

अयोध्या माहात्म्य में वर्णित पौराणिक श्री नागेश्वरनाथ मंदिर की अनुपम स्थापत्य कला

स्वर्गद्वार तीर्थ में सरयू नदी की ओर अभिमुख त्रेताकालीन शिव मन्दिर नागेश्वरनाथ विराजमान है। पौराणिक आख्यानों के अनुसार इस मन्दिर की स्थापना श्रीराम के ज्येष्ठ पुत्र महाराज कुश ने की थी। यह अयोध्या के सर्वाधिक महत्त्वपूर्ण शिवालय के रूप में विख्यात है। एक कथा के अनुसार महाराज कुश का अंगद (बाजूबन्द) सरयू नदी में गिर गया था, जिसे नागराज कुमुद की पुत्री कुमुद्वती ने ले लिया था। महाराज कुश के क्रोध करने पर कुमुद ने उपस्थित होकर वह बाजूबन्द वापस लौटाने के साथ ही अपनी पुत्री को महाराज कुश को समर्पित कर दी। इस प्रसंग में कुमुद की रक्षा के लिए उसके आराध्य भगवान शिव मध्यस्थता के लिए वहाँ उपस्थित हुए, जिनसे महाराज कुश ने वचन लेकर उन्हें वहाँ स्थापित किया। मान्यता है कि अयोध्या में रहता हुआ व्यक्ति यदि नागेश्वरनाथ के दर्शन ना करे, तो उसे अयोध्या वास का सम्पूर्ण फल प्राप्त नहीं होता। अयोध्या समेत समीपस्थ अनेक जनपदों से बड़ी संख्या में श्रद्धालु यहाँ प्रत्येक सोमवार जलाभिषेक करने आते हैं। शिवरात्रि यहाँ का महापर्व होता है, इस अवसर पर दूल्हे के रूप में भगवान शिव की भव्य बारात यात्रा निकलती है। पौराणिक महत्त्व और प्राचीनता के लिहाज़ से यह अद्वितीय स्थल है।

भगवान शिव के गण नंदी

अति प्राचीन श्री विनायक

श्री नागेश्वरनाथ शिवलिंग

भगवान शिव के गण नंदी

क्षीर सागर के निकट क्षीरेश्वरनाथ नाम से शिव का प्राचीन देवालय स्थित है, जिनका उल्लेख प्राचीन धर्मग्रंथों तथा स्कन्द पुराण के अयोध्या माहात्म्य में आता है। ऐसी मान्यता है कि इसकी स्थापना स्वयं राजा दशरथ ने की थी। इनकी प्रदक्षिणा चंद्राकार करनी चाहिए। बिल्वपत्र, चन्दन और जलाभिषेक इन्हें अधोमुख ही चढ़ाने का विधान है। अयोध्या के पंच महादेवों में उपस्थित।

क्षीरोदकात्पश्चिमे तु नाम्ना क्षीरेश्वरः स्मृतः
राजा दशरथेनैव स्थापितोऽहं पुरा प्रिये

- स्कन्द पुराण (अयोध्या माहात्म्य)

क्षीरसागर के निकट पश्चिम तरफ क्षीरेश्वर नाम से मैं प्रसिद्ध हूँ, जिनकी स्थापना स्वयं राजा दशरथ ने की है।

अयोध्या की चौदहकोसी परिक्रमा क्षेत्र में पड़ने वाले जनकौरा (जनौरा गाँव) में मंत्रेश्वर तीर्थ तथा गिरिजा कुण्ड मौजूद है। स्कन्द पुराण में वर्णित कुसुमायुध कुण्ड से पश्चिम दिशा की ओर इन्हीं मंत्रेश्वर महादेव की बात कही गयी है। अयोध्या माहात्म्य में वर्णित है- 'मंत्रेश्वर समं लिंगं न भूतं न भविष्यति।' चूँकि यह प्राचीन शिवलिंग एकमुख है, अतः मुखलिंग निर्माण परम्परा के अनुसार यह प्राचीनतम माना जाता है। यह भी मान्यता है कि इसे स्वयं भगवान श्री राम ने स्थापित किया था।

श्री कोटेश्वरनाथ महादेव

श्रीरामजन्मभूमि परिसर से सटे हुए कोटेश्वरनाथ महादेव की प्राचीनता महत्त्वपूर्ण है। यह स्वयंभू यानि स्वयं से उत्पन्न महादेव माने जाते हैं। अयोध्या के प्राचीन स्थलों के लिए सन् 1904 में गठित 'एडवर्ड अयोध्या तीर्थ विवेचनी सभा' का शिलालेख इस शिवाला के बाहर लगा है, जिसमें इन्हें 'दुर्गेश्वर' लिखा गया है।

अयोध्या के पंचमहादेवों की परिकल्पना में विघ्नेश्वरनाथ महादेव का विशेष माहात्म्य है। यह प्राचीन शिवाला अयोध्या की चौदहकोसी परिक्रमा परिधि पर ककरही बाज़ार मोहल्ले में पड़ता है। पौराणिक मान्यता के अनुसार भगवान श्रीराम के पुत्रों लव और कुश के द्वारा स्थापित 108 शिवलिंगों में से एक शिवलिंग यह भी गिना जाता है। डच इतिहासकार हंस बेकर विघ्नेश्वर तीर्थ के सन्दर्भ में अयोध्या में यह लिखते हैं कि इस तीर्थ के अवशेष वर्तमान में लुप्त हो चुके हैं, केवल श्री अयोध्या माहात्म्य के विभिन्न संस्करणों से इसकी पुष्टि होती है। यह उल्लेखनीय तथ्य है कि आज से तीन दशक पूर्व इस शिवालय का जीर्णोद्धार आरम्भ हुआ और अब यह नवीनतम रूप में उपस्थित है। झारखण्डेश्वर महादेव से महाशिवरात्रि के दिन निकलने वाली पारम्परिक शिव-बारात, नगर का भ्रमण करते हुए इसी मन्दिर पर आकर विश्राम लेती है।

श्री विघ्नेश्वरनाथ महादेव

श्री अनादिपंचमुखी महादेव गोप्रतार तीर्थ के अन्तर्गत अनादिकालीन शिव का पंचमुखी स्वरूप विराजमान है। शैवागम में वर्णित मुखलिंग की उपासना का यह अनूठा उदाहरण है। 'ईशान', 'तत्पुरुष', 'सद्योजात', 'वामदेव' एवं 'अघोर' नामक पाँच मुख वाला यह शिवलिंग पंचभूतों का प्रतिनिधित्व करता है। शिव के साथ यहाँ शिव परिवार भी विराजमान है। पौराणिक मान्यता के अनुसार श्रीराम ने लीला संवरण से पूर्व यहाँ शिव की आराधना की थी। कालान्तर में अयोध्या का पुनरुद्धार करते हुए सम्राट विक्रमादित्य ने इस शिवालय को उद्भासित किया और इन्हीं पंचमुखी शिव की आराधना की। अयोध्या के प्रमुख शिव मन्दिरों में यह शिवालय भी लोक आस्था का केन्द्र है, जिसकी प्राचीनता असंदिग्ध है। महाशिवरात्रि और श्रावण मास के अतिरिक्त मलमास (पुरुषोत्तम मास) यहाँ विशेष उपासना-आयोजन का अवसरहोता है।

स्वयंभू श्री अनादिपंचमुखी महादेव। मान्यता है कि इनकी स्थापना कब हुई, वह गणना और काल निर्धारण से परे है।

अयोध्या के राजा प्रताप नारायण सिंह 'ददुआ महाराज' ने सन 1898 ई. में धार्मिक न्यास 'प्रताप धर्म सेतु वक़्फ़' की स्थापना की थी। उन्होंने उसी वर्ष से अयोध्या में कई धार्मिक, सांस्कृतिक कार्यक्रमों की नींव रखी। इसमें आश्विन नवरात्र के अवसर पर 15 दिनों की मैदानी रामलीला का मंचन ऐतिहासिक माना जाता है। उसी रामलीला से राम की राजगद्दी की शोभा यात्रा और राज्याभिषेक के ये अंकन हैं। यह रामलीला बीसवीं शताब्दी के अस्सी के दशक तक आयोजित होती रही।

ध्रुपद की बंदिशें: रामकथा-प्रसंग

आये रघुवीर धीर
अयोध्या नगर को
लंकापति हनन कियो
राज दियो विभीषण को!

सिंहासन पर बैठे
सीता रामचंद्र भरत
शत्रुघ्न चँवर झुलावे
आगे हनुमत वीर!

- ध्रुपद, राग बागेश्री, चौताल
(राज्याभिषेक प्रसंग)

राम चढ़ो रघुवीर
रणधीर गढ़ लंका को
संग लछिमन लिए बढ़ो
धनुषधारी

पदमदल सजी सब
अष्टमन जोधाबली

एक से एक आज, बलवंत भारी।

- ध्रुपद, राग अड़ाना
(श्रीराम रावण युद्ध प्रसंग)

रन जीति राम राउ आए
सानुज सदल ससीय कुसल आजु अवध आनन्द बधाए
अरिपुर जारि उजारि मारि रिपु बिबुध सुवास बसाए
धरनि धेनु महिदेव साधु सबके सब सोच नसाए
दई लंक थिर थपे विभिषन बचन पियूष पिआए
सुधा सींचि कपि कृपा नगर नर नारि निहारी जिआए
रामराज कुलकाज सुमंगल सबनि सबै सुख पाए
देहिं असीस भूमि सुर प्रमुदित प्रजा प्रमोद बढ़ाए
कामधेनु महि बिटप कामतरू कोउ बिधी बाम न लाए
तें तब अब तुलसी तेउ जिन्ह हित सहित राम गुन गाए

- ध्रुपद, राग भैरवी
(श्रीराम का अयोध्या आगमन प्रसंग)

आयो रे जीत ही
राजा रामचंद्र लंका नगर
जित तित सुनियत
चहुँ देस बाजे बजत
राजत आनंद भयो घर घर!

जब कोप किए चढ़े हनुमान अगवान कर जोधाए लंकेस
काँपियो थर थर!

रावण मार धाय लियो
देस दियो विभीषण को
लायो सीता रघुवर!

- ध्रुपद, राग आसावरी
(लंका विजय प्रसंग)

अयोध्या रथयात्रा

सन 1930 के आस-पास का दुर्लभ दस्तावेज़

अयोध्या रियासत के महल राजसदन में स्थित राधा माधव मंदिर के कृष्ण-राधा के विग्रह उड़ीसा में श्री जगन्नाथ-बलभद्र-सुभद्रा जी की पुनीत रथयात्रा (आषाढ़ शुक्ल द्वितीया) के दिन रथ पर सवार होकर महल प्रांगण से निकल कर अयोध्या के अन्य मंदिरों के विग्रहों के साथ रथयात्रा परिक्रमा उत्सव में सम्मिलित होते हैं... इसी अवसर पर अयोध्या में यहाँ के मंदिरों से श्री विग्रहों के नगर भ्रमण की प्राचीन परंपरा रही है। पिछले कई दशकों से अयोध्या में रथयात्रा की रीति कम होती जा रही है।

पत्थर मंदिर की लगभग 200 साल पुरानी ऐतिहासिक मंचीय रामलीला का एक मनोहारी अंकन। यह धरोहर छायाचित्र वहाँ के आचार्य स्वर्गीय श्री जयरामदास जी व्यास द्वारा प्राप्त। यतीन्द्र मिश्र के निजी संग्रह से...
(समय: 1950 के आसपास)

नमस्ते सरयूदेवि वशिष्ठतनये शुभे
ब्रह्मादिसकलैर्देवैः ऋषिभिः नारदादिभिः

सदा त्वं सेविते देवि तथा सुकृतिभिनरैः
मानसाच्च समायाते जगतां पापहारिणी

- सत्योपाख्यानम्

राजा दशरथ द्वारा श्री सरयू जी की स्तुति

चित्र सौजन्य: जयकृष्ण अग्रवाल की कलाकृति 'दशहरा मेला', इंक ऑन पेपर, लगभग 1960 ई. के आसपास

झूला पड़ा मनीपरबत पर, झूलैं अवधबिहारी ना...

अयोध्या में श्रावण मास की ठकुराइन तीज (मधुश्रवा) के दिन मणिपर्वत पर समस्त अयोध्या धाम के मन्दिरों से भगवान के विग्रह झूला के लिए पधारते हैं। इस अवसर पर रामचरितमानस के फुलवारी प्रसंग से पद गायन की परम्परा रही है। कनक भवन से झूलन विहार सरकार, चाँदी की पालकी में कन्धों पर आते हैं। इस दिन विभिन्न मठों, मन्दिरों से श्रीराम-जानकी जी के लीला स्वरूप भी पेड़ों की डाल पर पड़े झूलों पर विराजते हैं। रामरसिक भक्ति परम्परा के श्रेष्ठ सन्तों ने इस प्रसंग का लीला पद गायन सम्भव किया है। अयोध्या का यह एक प्रमुख सांस्कृतिक आयोजन है, जो शताब्दियों से अनवरत चला आ रहा है और सम्पूर्ण देश से विराट जन-समूह इसमें सम्मिलित होने आता है। यह भी प्राचीन मान्यता है कि झूलनोत्सव के इसी दिन श्रीजगन्नाथपुरी में जितने मन्दिर हैं, वहाँ सभी में विराजे हुए ठाकुर जी विमान पर आरूढ़ होकर श्रीरामजानकी के इस लीला-उत्सव को देखने के लिए अयोध्या धाम पधारते हैं। अयोध्या में गोकुल भवन के प्रमुख सन्त और विद्वान राममंगलदास जी मणिपर्वत को 'सिद्धों की सराय' कहते थे। एक भक्तिमूलक आख्यान के अनुसार तिलोदकी गंगा की धारा मणिपर्वत के नाम से प्रसिद्ध 'रत्नाचल' की तलहटी में श्रावण मास में उमड़कर श्रीरामजानकी जी से मिलने आती हैं, जब वे वहाँ झूलन विहार के लिए पधारते हैं।

मणिपर्वत पर श्री कनक बिहारी झूलन सरकार सोने-चाँदी की पालकी से झूला उत्सव में जाते हुए

अवधवासी लाला सीताराम बी.ए. 'श्री अवध की झाँकी' में इसी तिलोदकी गंगा नदी के किनारे मणिपर्वत पर ही भगवान बुद्ध के छह वर्ष ठहरने की चर्चा करते हैं। इस पुस्तक में यह भी वर्णित है कि तिलोदकी के किनारे भगवान बुद्ध को 'मार' ने तंग किया था, जिसे महीनों उपवास के अनन्तर बुद्ध परास्त कर पाए। आगे के साधकों की 'मार' से रक्षा होती रहे, इस हेतु इसी क्षेत्र से 'मार-सूत्र' की रचना हुई, जो एक प्रकार का कवच माना जाता है। श्री 'अवध की झाँकी' में यह भी वर्णित है कि भगवान बुद्ध का एक स्मारक स्तम्भ, जिसमें सम्राट अशोक का उपदेश अंकित था, कालान्तर में तोड़कर यहाँ से हटा दिया गया। साथ ही शेषशायी भगवान विष्णु का विशाल मन्दिर भी तोड़ दिया गया। अयोध्या के शाकद्वीपीय राजा मानसिंह ने अवशेष अंश की रक्षा की और यहाँ पर उपस्थित मन्दिर तथा श्रीराम के क्रीड़ा शैल को पुनः अयोध्यावासियों को सौंप दिया। अयोध्या के प्रसिद्ध सन्त स्वर्गीय रामकुमारदास जी 'रामायणी', जो श्रीराम ग्रन्थागार, मणिपर्वत के संस्थापक थे, ने 'रत्नाचल का इतिहास' (मणिपर्वत का इतिहास) पुस्तक लिखी थी।

अयोध्या के लगभग हर घर, मंदिर और ठाकुरद्वारे से श्रीराम-सीता जी मणिपर्वत पर झूलनोत्सव के लिए आते हैं। एक ऐसा हृदयवत्सल नज़ारा, जिसमें भगवान श्रीराम और जानकी जी झूलन के लिए पधार रहे हैं।

झूलैं अवध बिहारी, संग में सिया सुकुमारी
चाँवर बेनिया डुलावो सुकुमारी सिया हैं

रामाभिप्राय

शीलसिन्धु जानकीवल्लभ

शत्रुजित मर्यादापुरुषोत्तम

रघुनाथ

कौशल्यानन्दन

करुणानिधि राजीवलोचन

त्रिलोकात्मन निरंजन

अयोध्यापति रघुवीर सत्यसंध राघवेन्द्र

करुणासहोदर कौशलेन्द्र जानकीनाथ

रणरंगधीर सच्चिदानन्द-विग्रह

जानकीरमण कोदण्डपाणि

केशव रघुवर नित्यानन्द

अयोध्या में श्रीराम उपासना के अतिप्राचीन पौराणिक स्थलों में एक, त्रेतानाथ का मन्दिर या त्रेता के ठाकुर प्रसिद्ध है, जो स्वर्गद्वार मोहल्ले में स्थित है। सतयुग में ध्यान और समाधि के द्वारा भगवान का साक्षात्कार किया जाता है और त्रेता युग में यज्ञ के द्वारा परमात्मा का यजन किया जाता है। त्रेता में यज्ञस्वरूप परमात्मा को स्वीकार किया गया है। मूलतः यज्ञ, त्रेता युग में ही प्रवर्तित होता है। भगवान श्री रघुनाथ की यज्ञ करती हुई मुद्रा को इसी कारण त्रेतानाथ कहा जाता है- 'त्रेतायाम यजतो मखैः', अर्थात त्रेता युग में यज्ञ करके ही भगवत प्राप्ति होती है।

इस प्राचीन मन्दिर को कालान्तर में औरंगजेब द्वारा तोड़ा गया, जिसका बाद में पुनर्निर्माण हुआ। इस तथ्य को लाला सीताराम 'अयोध्या का इतिहास' और डच इतिहासकार हंस बेकर 'अयोध्या' में लिखते हैं- इस भग्नावशेष मन्दिर को कुल्लू, हिमाचल प्रदेश के महाराजा के पूर्वजों ने बनवाया था, जिसमें बाद में सुधार कार्य इन्दौर की महारानी अहिल्याबाई होल्कर ने कराया।

मन्दिर की प्रसिद्धि इस बात में है कि यहाँ पर स्थापित उत्तराभिमुख भगवान रघुनाथ सरकार कमल पर आसीन हैं और उनकी प्रतिमा अश्वमेध यज्ञ करने के भाव में उपस्थित है, जिसमें वे दाहिने हाथ से यज्ञ में आहुति दे रहे हैं। सीता जी की प्रतिमा भी बेहद छोटी (अंगुष्ठ-मात्र) है, जिसमें वे भी अश्वमेध यज्ञ में आहुति देती हुई सम्मिलित हैं। अयोध्या का यह अकेला मन्दिर है, जहाँ प्रभु श्रीराम अपने भाइयों समेत उनकी पत्नियों के साथ विराजमान हैं, परन्तु उर्मिला जी अनुपस्थित हैं। इन्हीं के साथ हनुमान जी, सुग्रीव और गुरु वशिष्ठ की प्रतिमा भी स्थापित हैं। श्रीराम के अगल-बगल स्वर्गलोक के द्वारपाल भाइयों जय और विजय की प्रतिमाएँ स्थापित हैं।

यह भी उल्लेखनीय तथ्य इस मन्दिर से सम्बन्धित है कि यहाँ की प्रतिमाएँ कुल्लू (हिमाचल प्रदेश) के राजा जगत सिंह के काल (सोलहवीं शताब्दी) में कुल्लू पहुँची थीं और तभी से कुल्लू दशहरा के दरबार की विशाल परम्परा वहाँ हिमाचल प्रदेश में प्रत्येक विजयादशमी के दिन धूमधाम से सम्पन्न होती है। उसी दिन, जिस दिन रघुनाथ सरकार, जानकी जी और हनुमान जी कुल्लू पधारे, भगवान श्रीराम को वहाँ का राजा घोषित किया गया और वहाँ पर शासन कर रहे राजा को प्रथम सेवक बनाकर श्री रघुनाथ की सेवा में छड़ीबरदार की उपाधि दी गयी। पिछली पाँच शताब्दियों से कुल्लू दशहरा के अवसर पर देवताओं का निमंत्रण, उनका रथ और डोला निकलना, अयोध्या के श्री त्रेतानाथ की उपासना के क्रम से जुड़ता है। इस मन्दिर की यह भी अनूठी बात है कि वर्षपर्यन्त यहाँ भगवान के श्रीविग्रह का षोडशोपचार पूजन होने के बाद भी मन्दिर दर्शनार्थियों के दर्शन के लिए नहीं खुलता। प्रत्येक मास की दोनों एकादशी के दिन (शुक्ल एवं कृष्ण पक्ष) भगवान के श्रीविग्रह का दर्शन आम श्रद्धालुओं के लिए सम्भव होता है। कार्तिक शुक्ल एकादशी (देवोत्थानी एकादशी) के दिन यहाँ विशेष पर्व की प्रधानता है। इस दिन श्रद्धालु पूरे दिन यहाँ दीपदान करते हैं। देवोत्थान एकादशी के इस पर्व पर मन्दिर प्रांगण से लेकर बाहर तक दीपों से पूरा मोहल्ला जगमगा उठता है। पुरानी मान्यता है कि लगातार छिहत्तर एकादशी तक रात्रि में इस मन्दिर में दीपक जलाने पर भक्तों की सभी मनोकामनाएँ पूरी होती हैं।

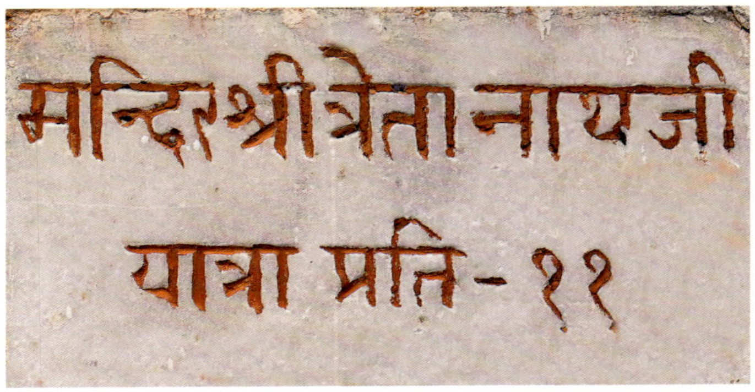

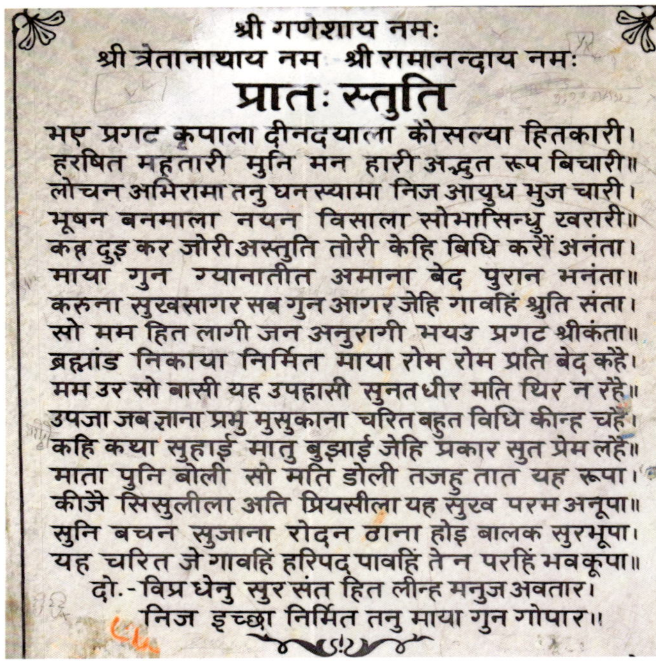

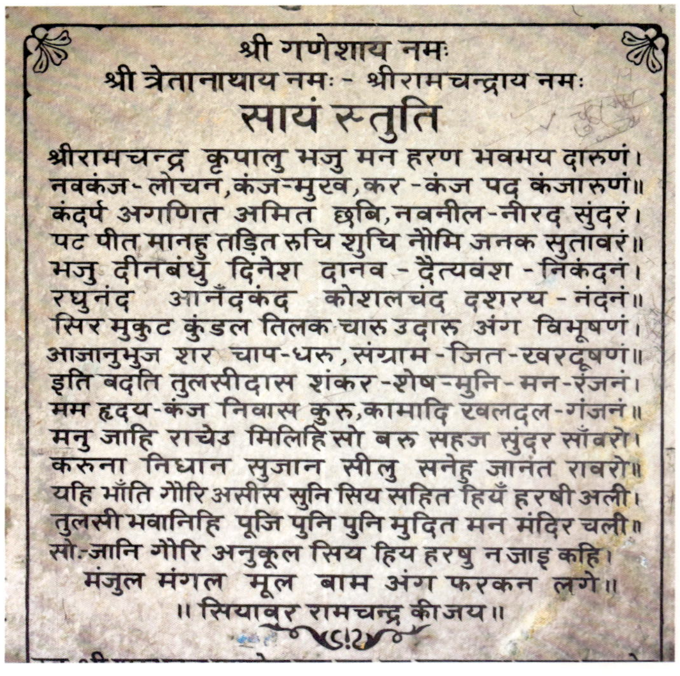

लगभग पाँच सौ वर्ष प्राचीन श्री त्रेतानाथ ठाकुर का दरबार
मन्दिर की यह अनूठी परम्परा है कि प्रत्येक मास में मात्र दो दिन प्रत्येक एकादशी को ही भगवान के दर्शन का विधान है।

चक्रवर्ती महाराज विक्रमादित्य के सामने लुप्त हुई त्रेताकालीन अयोध्या को उद्भासित करके उसकी पहचान कराने वाले महर्षि लोमश जी का स्थान, अयोध्या की प्राचीन पीठों में बहुत सम्मान से उपस्थित है, यह स्थान रामगुलेला मन्दिर के नाम से जाना जाता है। यह मन्दिर श्रीरामजन्मभूमि से पूर्व दिशा में, अमावांराज मन्दिर के निकट है। यहाँ लोमश मुनि की प्राचीन प्रतिमा भी दर्शनीय है। इस मन्दिर का वैभव और भव्यता लगभग समाप्ति की कगार पर है।

श्री कनकबिहारी सरकार के शयन आरती का दर्शन

प्रत्येक रात्रि में शयन आरती के समय भगवान के श्रीविग्रह से राजमुकुट उतारकर रेशमी वस्त्रों की सुसज्जित टोपियाँ धारण करायी जाती हैं।

J.D.

अयोध्या के देवालयों में चढ़ाये जाने वाले भोग-प्रसाद फूल-मालाओं के बाज़ार का नज़ारा

प्राचीन श्री हनुमत सदन के श्रीराम-जानकी जी

प्राचीन श्री हनुमत सदन के हनुमान जी

प्राचीन श्री हनुमत सदन के संस्थापक श्री सियारघुनाथशरण जी महाराज

हनुमत निवास के संस्थापक श्री गोमतीदास जी महाराज के शिष्य और गम्भीर साधक श्री सियारघुनाथशरण जी ने इस स्थान 'हनुमत सदन' की स्थापना की थी। हनुमत निवास की तर्ज़ पर ही यहाँ भी प्रधान पूजा श्री हनुमानलला की होती है। 'नाम', 'रूप', 'लीला', 'धाम' के अन्तर्गत उपासना की पद्धति यहाँ की विशेषता है। चूँकि यह पीठ, अपने आचार्य पीठ श्रीहनुमत निवास से निकली है, अतः हनुमान जयन्ती के अवसर की पूजा समेत श्रीहनुमानगढ़ी तक भजन कीर्तन करते हुए जाना, यहाँ पारम्परिक तौर पर मनाया जाता है। हनुमानगढ़ी के निशान की पूजा आस्था से सम्पादित होती है।

अध्यात्म के शिखर पर प्रसिद्ध कोठा वाले महाराज 'रामकिशोर शरण' जी इसी स्थान से सम्बन्धित थे, जिन्होंने रसिकोपासना के दूसरे मन्दिर 'विदेहजा दुल्हानिकुंज' की स्थापना ऋणमोचन घाट पर की थी। हनुमत निवास से सम्बन्धित अवध नवाब के दीवान रामसहाय जी ने इस स्थान की महत्ता के सन्दर्भ में ढेरों पद लिखे हैं, उनका एक प्रचलित पद है-

भला रघुनन्दन राजी रहना
केहर मेहर दो रूप तिहारे
जो सहाओ सो सहना

अतिप्राचीन श्री हनुमत निवास का भव्य दरबार

अयोध्या के पूज्यपाद सन्त श्री गोमतीदास जी महाराज ने श्री हनुमत निवास पीठ की स्थापना की, जहाँ श्रीराम-जानकी का पूजन उनके भक्त श्री हनुमान जी की महत्ता के साथ प्रतिपादित होता है। रसिकोपासना का यह केन्द्र मूलतः 'नाम', 'रूप', 'लीला', 'धाम' की परम्परा के तहत उपासना में दीक्षित है। यह उल्लेखनीय है कि अयोध्या का यह एकमात्र ऐसा पीठ है, जहाँ हनुमान जी की उपासना विशेष पर्वों पर तांत्रिक पद्धति से की जाती है। श्रावण मास में होने वाले झूलन महोत्सव में हनुमान जी मुख्य इष्ट के रूप में झूला के मध्य विराजते हैं और पूरा रामदरबार झूले पर सुशोभित रहता है। श्रीरामकथा से सम्बन्धित सभी विशेष पर्व और अनुष्ठान यहाँ पारम्परिक रूप से संचालित होते हैं।

कार्तिक मास की नरक चतुर्दशी के दिन होने वाले श्रीहनुमान जयन्ती का पर्व यहाँ का सबसे बड़ा समारोह है। यह जानना भी उल्लेखनीय है कि गोलाघाट, ऋणमोचन घाट और स्वर्गद्वार के इन प्रधान रसिक पीठों से भक्तजन ढोल मंजीरों के साथ श्रीरामनाम संकीर्तन और भजन गाते हुए हनुमान जयन्ती के दिन रात्रि बारह बजे श्रीहनुमानगढ़ी पहुँचते हैं और हनुमान जी के जन्मोत्सव में शामिल होते हैं। विशेष पर्वों में प्रतीक रूप में, जिसे साक्षात् हनुमान जी का विग्रह (निशान) माना जाता है, जो श्रीहनुमानगढ़ी से इन स्थानों पर जाता है, और विधिवत पूजन होने के उपरान्त वापस श्रीहनुमानगढ़ी लौटता है। यही निशान अयोध्या के मन्दिरों समेत सारे कुम्भ महोत्सवों में भी अयोध्या से उनके निर्दिष्ट अखाड़ों तक जाता है।

सरयू तट पर धनुषाकार बसी अयोध्या

पौराणिक गिरिजा कुण्ड

मंत्रेश्वर तीर्थ पर अभीष्ट सिद्धि देने वाले कुंड के रूप में प्रसिद्ध गिरिजा कुण्ड। गिरिजा कुण्ड के सन्दर्भ में यह निर्दिष्ट है कि अक्षय नवमी पर्व के दिन इसमें स्नान और परिक्रमा करनी चाहिए।

पौराणिक श्री सरोवर (लक्ष्मीसागर धाम) के श्री विग्रह

अयोध्या माहात्म्य में 'श्री सरोवर'तीर्थ के संदर्भ में वर्णित है -'मंत्रेश्वर के अति निकट , कुछ उत्तर पवित्र 'श्री सरोवर'है, जिसमें स्नान, दान, ब्राह्मण भोजनपूर्वक श्री जी का पूजन करने से अक्षय स्वर्ग की प्राप्ति होती है।'

तदुत्तरे सरोरम्यं कुमुदोत्पल मण्डितम्
तत्र स्नानेन दानेन ब्राह्मणानां च पूजनैः
अक्षयं स्वर्गमाप्नोति नात्रकार्या विचारणा

वर्तमान में 'श्री सरोवर' की प्रतिष्ठा लालबाग मुहल्ले में स्थित 'लक्ष्मी सागर धाम' के रूप में हो गयी है। पौराणिक मान्यता के अनुसार यहाँ की वार्षिक यात्रा दीपावली पर्व के दिन मानी जाती है। यह साभिप्राय भी है क्योंकि 'श्री' अर्थात महालक्ष्मी के सरोवर की यात्रा का सबसे पुण्यप्रद दिन या पर्व दीपावली ही है।

डेढ़ सौ वर्ष प्राचीन सूर्यकुण्ड

अयोध्या के सबसे प्रमुख सूर्य उपासना के केन्द्र के रूप में सूर्यकुण्ड मन्दिर की मान्यता है। अयोध्या के शाकद्वीपीय ब्राह्मण राजा दर्शन सिंह ने अपने आदि-देव सूर्य की उपासना में भव्यता के साथ इस मंदिर और कुण्ड की स्थापना करायी थी।

सूर्यकुण्ड का यह स्थल प्राचीन काल में अयोध्या में 'घोषार्क तीर्थ' या 'घोषार्क कुण्ड' कहलाता था, ऐसा प्रमाण डच इतिहासकार हंस बेकर की 'अयोध्या' पुस्तक से मिलता है। स्कन्द पुराण के अनुसार- 'उर्वशी कुण्ड के दक्षिण भाग में उत्तम घोषार्क तीर्थ है, जो सब प्रकार के पापों का नाश करने वाला है। पुराण की मान्यता के अनुसार पुराने समयों में घोष नामक एक राजा ने इसी तीर्थ में ऋषि-मुनियों को स्नान और सन्ध्या करते हुए देखा। उस राजा ने भी उसी विधि सम्मत ढंग से इस तीर्थ (कुण्ड) में जाकर स्नान किया, जैसा कि ऋषि लोग कर रहे थे। स्नान करते ही इस राजा का शरीर दिव्य हो गया। मुनियों से इस तीर्थ की महिमा जानकर राजा ने सूर्य देव की प्रसन्नता के लिए स्तुति की। इसके फलस्वरूप सूर्य देव ने प्रसन्न होकर उन्हें आशीष दिया। सूर्यदेव आशीष देकर लुप्त हो गये, परन्तु उनके तेज से एक प्रतिमा उत्पन्न हुई, जिसे राजा ने वहीं स्थापित किया।' राजा घोष द्वारा स्थापित होने के कारण ही यह स्थान 'घोषार्क तीर्थ' कहलाता है।

डच इतिहासकार हंस बेकर ने 'अयोध्या' पुस्तक में वर्णित किया है कि इस स्थान पर पौष मास में मकर संक्रान्ति के दिन दर्शन करने की बड़ी महत्ता है और प्रत्येक रविवार को भी यहाँ दर्शन-पूजन और स्नान की परम्परा रही है। वे यह भी लिखते हैं कि 'धर्मशास्त्र का इतिहास' लिखने वाले पी.वी. काणे के अनुसार- 'मार्गशीर्ष मास में पड़ने वाली रथ सप्तमी या अचला सप्तमी का दिन सूर्य उपासना का श्रेष्ठ दिन होता है। इस दिन व्रत रखने का भी माहात्म्य है।' बेकर इस ओर भी इशारा करते हैं कि यहाँ पर होने वाला सूर्यकुण्ड का सबसे प्राचीन और बड़ा मेला भाद्रपद मास में सम्पन्न होता है, जब इसी मास की शुक्ल पक्ष की षष्ठी तिथि के बाद का रविवार आता है, जिसे 'बड़ा इतवार' भी कहा जाता है। यह मेला लगभग डेढ़ सौ से भी अधिक वर्षों से सम्पन्न हो रहा है। यह इस परिक्षेत्र का सौर नियमों के अनुसार सबसे प्रतिष्ठित मेला है, जो सूर्यदेव मन्दिर में परम्परागत तरीके से सम्पन्न होता है।

सूर्यकुण्ड की अलौकिक छवि

एक दिलचस्प तथ्य की ओर इतिहासकार यह भी इशारा करते हैं कि सूर्यकुण्ड का बड़े इतवार का मेला वाराणसी के लोलार्क कुण्ड के 'लोलार्क षष्ठी मेले' की तरह ही सम्पन्न होता है। कई बार वैदिक पंचांग के अनुसार पड़ने वाले सूर्य ग्रहण के बाद भी यहाँ कुण्ड में स्नान और सूर्यदेव के दर्शन करने की महत्ता मानी जाती है। स्कन्द पुराण और रुद्रयामल की कथाओं के अनुसार- 'सूर्यकुण्ड में दर्शन, स्नान और पूजन का विधान इसलिए भी श्रद्धालुओं में गहरी आस्था का केन्द्र रहा है क्योंकि इस कुण्ड में स्नान करने से उनको कुष्ठ रोग समेत किसी भी प्रकार के चर्म रोग से मुक्ति मिलती है।'

वर्तमान में सूर्यकुण्ड के मेले की व्यवस्था राजा दर्शन सिंह के वंशजों के द्वारा संचालित होती है, जबकि सूर्य-मन्दिर में भोग-राग की व्यवस्था, पूजा-अर्चना एवं रख-रखाव हनुमानगढ़ी, अयोध्या की बसन्तिया पट्टी संचालित करती है।

सूर्यकुण्ड पर निर्मित जनाना घाट

सूर्यकुण्ड के भगवान श्री आदित्य का गर्भगृह

सीता कुण्ड

श्री विद्याकुण्ड तीर्थ के समीप स्थित सीताकुण्ड, जिसके लिए प्रचलित है कि यह अशोक वन के मध्य जानकी जी के विहार के लिए प्रकट हुआ था। वैशाख शुक्ल नवमी (जानकी नवमी) के दिन यहाँ पर स्नान की परम्परा है। पुराने समय में यहाँ इस पर्व पर मेला लगता था।

निर्मली कुण्ड

गोप्रतार घाट के पास निर्मली कुण्ड तीर्थ है। मान्यता है कि यहाँ पर वृत्रासुर को मारकर ब्रह्म हत्या दोष से युक्त इन्द्र स्नान मात्र से निष्पाप हुए थे। इस निर्मली कुण्ड में स्नान- दान करने से प्राणियों के ब्रह्महत्यादि महापाप नष्ट होते हैं और उन्हें पूर्ण निर्मलता प्राप्त होती है। यहाँ की वार्षिकी यात्रा श्रावण पूर्णिमा को प्रसिद्ध है। प्रख्यात सन्त युगलानन्यशरण जी महाराज, लक्ष्मण क़िला के निर्माण से पहले बरसों तक इसी स्थान पर रहकर एकांत साधना में लीन थे।

श्रीराम ताण्डवस्तोत्रम्

जटाकटाहयुक्तमुण्डप्रान्तविस्तृतम् हरेः
अपांगक्रुद्धदर्शनोपहार चूर्णकुन्तलः
प्रचण्डवेगकारणेन पिंजलः पतिग्रहः
स क्रुद्धतांडवस्वरूपधृग्विराजते हरिः

जटासमूह से युक्त विशाल मस्तक वाले श्रीहरि के क्रोधित हुए लाल आँखों की तिरछी नज़र से, विशाल जटाओं के बिखर जाने से, रौद्र मुखाकृति एवं प्रचण्ड वेग से, आक्रमण करने के कारण विचलित होती, इधर-उधर भागती, शत्रुसेना के मध्य तांडव (उद्धत विनाशक क्रियाकलाप) स्वरूपधारी भगवान हरि शोभित हो रहे हैं।

अथेह व्यूहपार्ष्णिप्राग्वरूथिनी निषंगिनः
तथांजनेयऋक्षभूपसौरबालिनन्दनाः
प्रचण्डदानवानलं समुद्रतुल्यनाशकाः
नमोऽस्तुते सुरारिचक्रभक्षकाय मृत्यवे

अब वो देखो! महान धनुष एवं तरकश धारण वाले प्रभु की अग्रेगामिनी एवं पार्श्वरक्षिणी महान सेना, जिसमें हनुमान, जाम्बवन्त, सुग्रीव, अंगद आदि वीर हैं, प्रचण्ड दानव सेना रूपी अग्नि के शमन के लिए समुद्रतुल्य जलराशि के समान नाशक हैं, ऐसे मृत्युरुपी दैत्यसेना के भक्षक के लिए मेरा प्रणाम है।

कलेवरे कषायवासहस्तकार्मुकं हरेः
उपासनोपसंगमार्थधृग्विशाखमंडलम्
हृदि स्मरन दशाकृते कुचक्रचौर्यपातकम्
विदार्यते प्रचण्डतांडवाकृतिः स राघवः

शरीर में मुनियों के समान वल्कल वस्त्र एवं हाथ में विशाल धनुष धारण करते हुए, बाणों से शत्रु के शरीर को विदीर्ण करने की इच्छा से दोनों पैरों को फैलाकर एवं गोलाई बनाकर, हृदय में रावण के द्वारा किये गये सीताहरण के घोर अपराध का चिन्तन करते हुए प्रभु राघव प्रचण्ड तांडवीय स्वरूप धारण करके राक्षसगण को विदीर्ण कर रहे हैं।

श्री रामतांडवस्तोत्र के आरम्भिक तीन छन्द
श्री भागवतानन्द गुरुणा विरचित (12 छन्दों का सम्पूर्ण पाठ)

अयोध्या की रसिकोपासना के सोपान

युगलप्रियाशरण 'जीवाराम'
करुणासिन्धु रामप्रसादाचार्य
गोमतीदास कृपानिवास स्नेहलता
स्वामी युगलानन्यशरण 'हेमलता' रमाअली
जानकीवरशरण 'प्रीतिलता' मोदलता युगलविहारिणी
सियाअली बनादास प्रेमलता श्यामसखी
सरयूसखी मधुरअली अग्रअली बैजनाथ
रामसखी रसरंगमणि
पण्डित उमापति त्रिपाठी 'कोविद' परमहंस राममंगलदास
रामकिशोरशरण 'कोठावाले महाराज' रामहर्षणदास
वृषभानु कुँवरि रूपसखी कांचनकुँवरि
रूपकला जानकीशरण 'झुनझुनिया बाबा'
करतलिया बाबा रघुनाथदास युगलसहचरी
मणिरामदास रामशोभादास सियारघुनाथशरण
पण्डित रामवल्लभाशरण स्वामी रामवल्लभाशरण

अयोध्या के प्राचीन स्थलों में एक है विभीषण कुण्ड। भगवान श्रीराम ने विभीषण जी को रहने के लिए यह स्थान दिया था। इस स्थान पर कुण्ड और विभीषण जी की प्रतिमा स्थापित है। इसी परिसर में एक 'रामनाम क्रतुस्तम्भ' स्थापित है, जिसके अन्दर एक करोड़ सीताराम नाम लिखकर रखा गया है। इस स्तम्भ की स्थापना आन्ध्र प्रदेश के श्रीमन्नारायण जीयर स्वामी जी ने किया था। उन्होंने पूरे भारत में ऐसे 108 स्तम्भ स्थापित किए थे।

पौराणिक विभीषण कुण्ड

सवा सौ साल प्राचीन राजसदन स्थित श्री राधामाधव मन्दिर की अन्नपूर्णा जी की शारदीय नवरात्र की नवदुर्गा झाँकी

सरस्वती (हंसवाहिनी)

चामुण्डा

रथवाहिनी

अयोध्या रियासत के राजप्रासाद राजसदन में स्थित राधा-माधव मन्दिर में भगवती अन्नपूर्णा का देवालय है। खड़ी मुद्रा की इस मनोहारी देवी प्रतिमा की शारदीय नवरात्र में नौ दुर्गा रूपों में झाँकी सजाई जाती है। उल्लेखनीय है कि यह झाँकी विभिन्न मुद्राओं में सम्पादित होती है, जबकि मूल प्रतिमा खड़े स्वरूप में है। प्रतिपदा से विजयादशमी तक दस दिनों चलने वाली इस झाँकी में क्रम से इन स्वरूपों में देवी का स्वरुप सजता है- अन्नपूर्णा, सिंहासन-स्थिता, गजेन्द्र-लक्ष्मी, सरस्वती (हंसवाहिनी), चामुण्डा, रथवाहिनी, सिंहवाहिनी, महिषासुरमर्दिनी, पर्वत स्थिता, गणेश माता। अयोध्या में दुर्गा झाँकी का अकेला यही आयोजन है, जो पिछले एक सौ चौबीस वर्षों से अनवरत संचालित होता है। इसका आरम्भ अयोध्या के प्रताप नारायण सिंह 'ददुआ महाराज' ने करवाया था।

महिषासुरमर्दिनी

अन्नपूर्णा

अयोध्या के श्री तिलक

बड़गल तिलक | तिंगल तिलक | लश्करी तिलक | बेंदी तिलक | चतुर्भुजी तिलक | श्री तिलक

अयोध्या नगरी में वैष्णव सम्प्रदाय के अनेकानेक मठ-मन्दिर एवं स्थान विद्यमान हैं। वैष्णव परम्परा की दोनों शाखाएँ, श्री रामानुज शाखा एवं श्रीरामानन्द शाखा के अलग-अलग तिलक प्रचलित हैं। इन दोनों परम्पराओं- श्रीरामानुज तथा श्रीरामानन्दी सम्प्रदाय में तिलक के मुख्य रूप से दो भेद हैं- बड़गल और तिंगल। बड़गल तिलक वह होता है, जिसमें नासिका के ऊपर सिंहासन नहीं लगाया जाता और केवल दो समानान्तर रेखाएँ ललाट के ऊपर ऊर्ध्वगामी बनाते हुए उन्हें नीचे की ओर युग्म करके जोड़ा जाता है। ऊपर की ओर दोनों रेखाएँ आपस में जुड़ती नहीं, बल्कि स्वतंत्र रहती हैं। ये दोनों रेखाएँ श्वेत मृतिका से तिलकित करते हुए उन दोनों के मध्य में श्री (रोली) लगा ली जाती है। तिंगल परम्परा में नासिका पर लम्बा सिंहासन लगाकर, सिंहासन के अगल-बगल दो श्वेत रेखाएँ ऊर्ध्वगामी समानान्तर लगायी जाती हैं, जिनके मध्य में बड़गल तिलक की तरह ही श्री लगाने की परम्परा है। यह भेद दोनों ही सम्प्रदायों में विद्यमान हैं। कालान्तर में रामानन्द सम्प्रदाय में तिलक के चार भेद हो गये, जो क्रमशः इस तरह हैं- श्री तिलक, बेंदी तिलक, लश्करी तिलक और चतुर्भुजी तिलक। इस प्रकार चार प्रकार के तिलक की परम्पराएँ रामानन्द सम्प्रदाय में प्राप्त होती हैं। श्री हनुमानगढ़ी में हनुमान जी को चढ़ने वाली महावीरी को प्रसादी के रूप में ग्रहण करने की अयोध्या में जो परम्परा है, उसमें भक्तजनों के ललाट पर उसे न लगाकर नेत्रों की बरौनियों के पास महावीरी लगायी जाती है। आशय यह है कि ललाट पर जहाँ श्री तिलक लगाने का विधान है, वह साक्षात भगवान श्रीविष्णु, श्रीलक्ष्मी-नारायण तथा श्रीराम का प्रतीक या विग्रह है। चूँकि श्रीहनुमान जी श्रीराम जी के चरणों के पास बैठते हैं, इसलिए ललाट के भूमध्य भाग को श्री विष्णु का स्वरूप मानकर छोड़ते हुए उनके चरणों के पास हनुमान जी को विराजने के प्रतीक स्वरूप आसन देने की परम्परा के तहत नीचे की ओर चरणों में स्थान दिया जाता है। इसी कारण ललाट के नीचे के स्थान पर नेत्रों की बरौनियों के पास ही महावीरी लगायी जाती है। इसका कोई लिखित प्रमाण किसी शास्त्र में उपलब्ध नहीं है, परन्तु लोक आस्था और विश्वास के चलते श्रीराम के प्रति सम्मान व्यक्त करते हुए श्री हनुमन्तलाल को उनके चरणों के पास आसीन कराते हुए भक्त को आशीष देने के चलन में ही अयोध्या में महावीरी लगाये जाने की यह निराली परम्परा प्राचीन समय से कायम है।

एकै ह्वै बिबि-रूप, राधिका-स्याम कहावैं।
ह्वै बस-ब्रज-जुबतीन, चतुर-चातुर मन-भावैं॥
पंचबान-रति कोटि, अंग-अंगनि पैं वारे।
छल-बल करि ब्रज-सुजस, परम-पावन बिसतारे॥
'द्विजदेव' सात हूँ भुवन मैं, अष्ट-सिद्धि-दाता बिदित।
मन सेबहु नबधा-भक्ति-जुत, नबरस-मय ब्रजरात नित॥

- द्विजदेव
(अयोध्या के राजा मानसिंह 'द्विजदेव' द्वारा श्रीकृष्ण-राधा की माधुर्य भक्ति में लिखा गया बृजभाषा का लीला-पद)

अयोध्या रियासत के राजप्रासाद राजसदन के उपवन में श्रावण मास की एकादशी से पूर्णिमा तक पाँच दिनों भव्य झूलन समारोह होता है, जिसमें राजपरिवार के राधा-माधव मन्दिर से श्रीकृष्ण और राधा जी का झूलन विहार होता है। पाँचों दिन श्रीमद्भागवत की पाँच विभिन्न कथाओं की झाँकियाँ भी सजाई जाती हैं, जिनमें 'एकादशी माहात्म्य', 'श्रीकृष्ण जन्म', 'द्रौपदी चीरहरण', 'रासलीला', 'सुदामा सत्कार' और 'माखन चोरी' प्रमुख हैं। 'श्री प्रताप धर्म सेतु वक़्फ़' धर्मार्थ ट्रस्ट के अन्तर्गत पिछले लगभग एक सौ चौबीस सालों से संचालित होने वाले इस आयोजन की शुरुआत अयोध्यानरेश प्रताप नारायण सिंह 'ददुआ महाराज' ने की थी।

अयोध्या रियासत के राजप्रासाद राजसदन के उपवन में सावन मास में पड़ने वाली नागपंचमी के दिन झूलनोत्सव की लगभग एक सौ चौबीस साल पुरानी परम्परा। उल्लेखनीय है कि अयोध्या के समस्त मन्दिरों और वाटिकाओं में जब श्रीरामजानकी झूलन विहार करते हैं, तब यहाँ परिसर के उपवन में 'श्रीराधा-माधव' झूलन को पधारते हैं। इस दिन अयोध्या रियासत के ही दूसरे मन्दिर 'राधा-बृजराज' से राधा और कृष्ण की प्रतिमाएँ भी परिसर में झूलन के लिए पधारती हैं। इस परम्परा की शुरुआत अयोध्यानरेश प्रताप नारायण सिंह 'ददुआ महाराज' ने की थी। अयोध्या के अन्य मन्दिरों में झूला की परम्परा देवालय के भीतर जगमोहन (गर्भगृह के सामने का भाग) में ही संपादित होती है। इस लिहाज़ से इस प्राचीन झूला-परम्परा का यहाँ के वैष्णव समाज में विशेष आकर्षण है।

श्रीराधा-माधव तथा श्रीराधा-बृजराज का नागपंचमी पर्व का झूला

प्रिया तु सीता रामस्य दाराः पितृकृता इति
गुणे रूपगुणैश्चापि प्रीतिर्भूयोऽभिवर्धते

- वाल्मीकि रामायण

राम के लिए सीता प्रिय थीं और यह प्रीति सीता के गुणों के कारण, उनके आभ्यन्तर और बाह्य दोनों प्रकार के गुणों के कारण, व्यक्त और अव्यक्त दोनों प्रकार के गुणों के कारण निरन्तर बढ़ती गयी।

यः पृथ्वीभरवारणाय दिविजैः
संप्रार्थितश्चिन्मयः
संजातः पृथिवीतले रविकुले
मायामनुष्योऽव्ययः
निश्चक्रं हतराक्षसः पुनरगाद्
ब्रह्मत्वमाद्यं स्थिरां
कीर्तिं पापहरां विधाय जगतां
तं जानकीशं भजे

- अध्यात्म रामायण

जिस चिन्मय अविनाशी प्रभु ने पृथ्वी का भार उतारने के लिए देवताओं की प्रार्थना से पृथ्वी तल पर सूर्यवंश में माया-मानव रूप से अवतार लिया और जो राक्षसों के समूह को मारकर तथा संसार में अपनी पाप-विनाशिनी अविचल कीर्ति स्थापित कर पुनः अपने आद्य ब्रह्मस्वरूप में लीन हो गये, उन श्रीजानकीनाथ का मैं भजन करता हूँ।

अयोध्या के प्रमुख उपासना केन्द्रों में विभिन्न रियासतों के मन्दिर भी सम्मिलित हैं, जिनमें बिजावर, अमांवा, दिग्गी, बौड़ी, मनकापुर, जगदीशपुर, पडरौना, बाँसी, मझगवाँ, रूसी, राँची, ग्वालियर, मेरठ, गोण्डा, बाघी तथा अयोध्या आदि के मन्दिर एवं भवन प्रमुख हैं।

बौड़ी रियासत का मंदिर और गर्भगृह

श्री हनुमान जी

बाल रूप में श्रीराम-जानकी दरबार लाल साहब

दिग्गी रियासत का मंदिर, जो कनक भवन प्रांगण में स्थित है। यहाँ पर विराजमान श्रीराम, जानकी जी और श्री हनुमंत लाल जी को दरबार लाल साहब कहा जाता है। इस मन्दिर से सम्बन्धित स्वामी शीलमणि जी और उनके शिष्य परमहंस सीताशरण जी प्रसिद्ध महात्मा हुए हैं।

मध्य प्रदेश के प्रतिष्ठित बिजावर रियासत का एक अनुपम रामजानकी मन्दिर ऋणमोचन घाट क्षेत्र में कंचन भवन नाम से निर्मित है। बिजावर की छोटी महारानी श्रीमती सवाई कांचन कुँवरि जू देवी ने अपनी धर्मपरायणता के चलते अयोध्या में रामसीता के युगल स्वरूप की प्रतिष्ठा के निमित्त यह मन्दिर निर्मित कराया था। उन्होंने भगवान के अथक प्रेम में ढेरों गीत, पद और भजनों की रचना की, जो 'श्रीकांचन कुंज बिनोदलता' ग्रन्थ में संगृहीत है। इसी रियासत की बड़ी महारानी सवाई रतनकुँवरि जू देवी भी सियाराम की भक्ति में अनुप्राणित थीं और उन्होंने 'सियादुलारी' उपनाम से अनेक भक्ति पदों को रागों के आधार पर लिखा, जो उनकी पुस्तक 'रतनमाला' में संगृहीत हैं। अवधवासी लाला सीताराम बी.ए. 'श्री अवध की झाँकी' में लिखते हैं कि ऋणमोचन घाट, जहाँ कंचन भवन उपस्थित है, पूर्वकाल में तांत्रिकों की बस्ती थी और गोरखनाथ जी के शिष्य सुन्दरनाथ, गोपीचन्द भरथरी ने गुरु के निर्देश से यहीं तप किया था और गुरु-ऋण से मुक्त हुए थे। नाथसिद्धों और शाक्त-तंत्र साधकों के लिए यह प्रिय स्थान रहा है।

कंचन भवन

अयोध्या रियासत का राजद्वार मंदिर, जो रामकोट में श्री हनुमानगढ़ी के समीप स्थित है। श्रीराम जी के दरबार समेत यहाँ श्रीकृष्ण राधा की उपासना भी सम्पादित की जाती है। अयोध्या रियासत के प्रसिद्ध मैदानी रामलीला के कई प्रसंग इसी मंदिर परिसर में संपन्न होते थे, जिनमें 'लंका दहन प्रसंग' की वैसी ही ऐतिहासिक महत्ता रही है, जिस तरह काशी की प्रसिद्ध रामनगर की रामलीला में नाटी इमली का 'भरत-मिलाप प्रसंग' ऐतिहासिक महत्त्व का रहा है।

अमावां राज के राजा-रानी प्रणाम मुद्रा में

परिसर में स्थापित प्रसन्न मुद्रा में शिव जी

अमावां राज मंदिर का प्रांगण

अमावां रियासत द्वारा रामकोट मोहल्ले में स्थापित प्राचीन अमावां राज मन्दिर । यह श्रीरामजन्मभूमि के अत्यन्त निकट स्थित है, यहाँ की मनोहारी मूर्तियाँ श्रद्धालुओं को सहजता से आकर्षित करती हैं। अमावां के राजा-रानी की प्रणाम मुद्रा में स्थापित प्रतिमाएँ उनकी उपासना के सात्विक दास्य-भाव को अभिव्यक्त करती हैं।

अति प्राचीन श्री पंच रामानंदीय दिगम्बर अखाड़ा

अति प्राचीन श्री पंच रामानंदीय निर्मोही अखाड़ा

सभी अखाड़ों में विजयादशमी के पर्व पर उनके अपने 'निशान-पूजन' का प्राचीन विधान रहा है, जो आज भी कायम है।

अति प्राचीन श्री पंच रामानंदीय निर्वाणी अखाड़ा

श्री रामानन्दीय वैष्णव सम्प्रदायों के विरक्त साधुओं के तीन प्रमुख अखाड़ों- निर्वाणी अखाड़ा, निर्मोही अखाड़ा तथा दिगम्बर अखाड़े का निर्माण लगभग 250 वर्ष पूर्व अयोध्या में अनुभवानन्द-बालानन्द जी ने कराया था। ये तीनों अखाड़े सनातन धर्म की रक्षा के निमित्त स्थापित किये गये थे। श्री पंचरामानन्दीय निर्वाणी अखाड़ा की प्रमुख पीठ अयोध्या में श्री हनुमानगढ़ी है। श्री दिगम्बर अखाड़े के पूर्व महान्त स्व. श्री रामचन्द्रदास परमहंस जी तथा निर्मोही अखाड़े के पूर्व महान्त स्व. श्री रघुबरदास जी ने श्रीरामजन्मभूमि मन्दिर निर्माण के लिए न्यायालय में कानूनी लड़ाई लड़ी थी। विजयादशमी के पर्व पर इन अखाड़ों में शस्त्र-पूजन की परम्परा का निर्वहन होता है तथा वहाँ पर मौजूद वैरागियों और नागा साधुओं द्वारा कुश्ती व दंगल का प्रदर्शन किया जाता है। इन अखाड़ों के अपने विशिष्ट निशान होते हैं, जो महाकुंभ के पर्व पर गाजे-बाजे के साथ निकलते हैं और उन्हीं के नेतृत्व में अखाड़ों का शाही स्नान सम्पन्न होता है।

सरयू तट पर बसे लक्ष्मण क़िला का विहंगम दृश्य

लक्ष्मण क़िला के स्वरूप-विग्रह श्री रसिकेन्द्रबिहारी सरकार

वह कक्ष जहाँ स्वामी विवेकानंद पधारे थे

अवध की नवाबकालीन संस्कृति में नवाब सआदत ख़ाँ 'बुरहान-उल-मुल्क' का बनवाया 'क़िला मुबारक' ही वह स्थान है, जिसे अंग्रेजों के शासनकाल में स्वामी श्री युगलानन्यशरण जी महाराज को साधना-स्थली बनाने के लिए दिया गया था। युगलानन्यशरण जी पहले निर्मली कुण्ड पर साधनारत थे, मगर अंग्रेजों ने वहाँ कैण्ट छावनी बसाने के लिए उन्हें निर्मली कुण्ड से विस्थापित कर यह स्थान देना सुनिश्चित किया। इस मन्दिर का निर्माण रीवां नरेश के दीवान दीनबन्धु जी ने अपनी जमींदारी के व्यक्तिगत धन से 1865 से 1868 के मध्य करवाया था। इस बात की पुष्टि कारनेगी, लाला सीताराम और हंस बेकर के लिखे दस्तावेज़ करते हैं। युगलानन्यशरण महाराज ने ही यहाँ श्रीराम, लक्ष्मण और जानकी जी का भव्य मन्दिर रचते हुए लक्ष्मणक़िला की आधारशिला रखी। यहाँ के स्वरूप-विग्रह को 'रसिकेन्द्रबिहारी सरकार' कहा जाता है।

युगलानन्यशरण जी संस्कृत, फ़ारसी और हिन्दी के बड़े विद्वान, कवि और विचारक के रूप में जाने जाते हैं। जानकीसखी सम्प्रदाय के अन्तर्गत निर्दिष्ट यह परम्परा, रामानन्दियों की प्राचीन परम्परा के रूप में गौरवान्वित है, जहाँ रसिकोपासना के माध्यम से उपासना होती है। उनका मत था कि जानकी जी अयोध्या राजकुल की वधू हैं, इसलिए जिस तरह बहू को पति के घर डोली में बैठकर आना होता है, उसी तरह जानकी जी भी क़िला में पधारेंगी। अतः लक्ष्मणक़िला में मौजूद जानकी जी, डोली में बिठाकर मिथिला से लायी गयीं। यहाँ वाल्मीकि रामायण और रामचरितमानस के कथा-वाचन की परम्परा लगभग सौ वर्ष पुरानी है। ऐसी मान्यता है कि युगलानन्यशरण जी महाराज ने लगभग सौ से अधिक ग्रन्थ लिखे थे, जिनमें कुछ ही प्रकाशित हैं। अयोध्या परिक्षेत्र में विभिन्न मठ-मन्दिरों में पर्वों पर होने वाले झूला, जन्म, विवाह और कलेवा के पद गायन अधिकतर इन्हीं के रचे हुए हैं। कालान्तर में उनकी कई पीढ़ियों के बाद के उत्तराधिकारी स्वर्गीय स्वामी सीतारामशरण जी महाराज ने युगलानन्यजी और अन्य रसिक भक्तों की पदावलियों को संगृहीत करते हुए तीन पुस्तकें क्रमशः जन्मोत्सव बधाई, झूलन विहार तथा मैथिल विवाह छपवाईं। आज भी इन्हीं पदावलियों से पद गाकर पर्व, उत्सव सम्पन्न होते हैं। एक ऐतिहासिक तथ्य इस स्थान से यह भी जुड़ा हुआ है कि स्वामी विवेकानन्द यहाँ पधारे थे और उन्होंने जानकीवरशरण जी महाराज से भेंट की थी।

स्वामी युगलानन्यशरण 'हेमलता' जी महाराज
(जन्म-1818 ई., मृत्यु-1876 ई.)

मिथिला से पधारीं जानकी जी की डोली का प्रतीक

ॐ नमः शिवाय
राम
जय श्री राम

इन दुकानों को श्रृंगार हाट, हरिद्वारी बाज़ार, स्वर्गद्वार, वासुदेवघाट, जानकीघाट, नयाघाट, रामकोट समेत हर तरफ़ आसानी से लक्ष्य किया जा सकता है। यहाँ भक्ति और अर्चना सम्बंधित ढेरों चीज़ें मिलती हैं, जिनमें पूजा के बर्तन, कंठी, माला, रामनामी, अचला, चादर, पटुका, गमछा, आसनी, घंटा-घड़ियाल, मंदिर के शिखर कलश, श्री चन्दन, धूप, अगरबत्ती, कलावा, जनेऊ, अष्टगंध, इत्र-सुगंध, खड़ाऊँ, हवन सामग्री, उपासना पद्धतियों की पुस्तकों समेत श्रीराम, जानकी जी और हनुमंत लला की मूर्तियाँ शामिल हैं। भोग-प्रसाद के लिए यहाँ के स्थानीय दुकानों में विभिन्न प्रकार की मिठाइयाँ प्रचलित हैं, जिनमें रामदाना, इलाइची दाना, खुरचन पेड़ा, बेसन एवं बूंदी लड्डू, बताशा, गट्टा, लइया आदि प्रमुख हैं।

सीताराम नामी चादर, पटुका और अंगवस्त्रम

अयोध्या के हाट-बाज़ार में आस्था की कंठी-मालाएँ

जाके प्रिय न राम-बैदेही
तजिए ताहि कोटि बैरी सम, जद्यपि परम सनेही

-श्रीरामचरितमानस

श्री राम कथा-सार
सुख सागर
Maharaja Chandan
रामायण
श्रीरामचरितमानस

कोसलेश सदन में वेद अध्ययन करते शिक्षार्थी

कोसलेश सदन, अयोध्या की श्रीरामानुज सम्प्रदाय परम्परा का प्रसिद्ध स्थान है। यहाँ पर भगवान श्रीसीताराम जी की पंचरात्र आगम पद्धति से भगवान कोसलेश की आराधना होती है। इस पीठ के आचार्य विशिष्टाद्वैत सिद्धान्त के मान्य श्रेणी में गिने जाते हैं। यहाँ पर संस्कृत वेद अध्ययन की प्राचीन परम्परा है, जो इस पीठ से सम्बन्धित 'त्रिदण्ड देव संस्कृत महाविद्यालय' से संचालित होती है।

भगवान श्री कोसलेश जी के दिव्य दर्शन की झाँकी

पुरुषो रामचरितं श्रवणैरुपधारयन्
आनृशंस्यपरो राजन् कर्मबन्धैर्विमुच्यते

- श्रीमद्भागवत महापुराण

जो पुरुष अपने कानों से भगवान श्रीराम का चरित्र सुनता है,- उसे सरलता, कोमलता आदि गुणों की प्राप्ति होती है। परीक्षित्! केवल इतना ही नहीं, वह समस्त कर्म-बन्धनों से मुक्त हो जाता है।

श्री सीता राम की महाशक्ति एवं सर्वस्व हैं

सीतोपनिषद् में कहा है, अनेकरूपा श्रीसीता के अनुग्रह से वेद एवं वेदवेद्य परमात्मा सौभाग्यशाली होते हैं। जैसे शीतलता, मधुरता एवं पवित्रता ही गंगा के प्रवाह का सार है तथा मधुरिमा अमृत का सर्वस्व है, वैसे ही आनन्द-सिन्धु सुखराशि श्री राघवेन्द्र के माधुर्यसारसर्वस्व की अधिष्ठात्री महालक्ष्मी ही सीता हैं। यद्यपि श्रीसीता और राम दोनों परस्पर अभिन्न प्रेमसौन्दर्यसार हैं; उनमें चन्द्र तथा चन्द्रिका का एवं भास्कर तथा प्रभा का जैसा अभेद सम्बन्ध है। अमृतसिन्धु का उसके माधुर्य से विप्रयोग की कल्पना असम्भव है। श्रीसीता और राम का सम्बन्ध तो पूर्वोक्त, उदाहरणों से भी अत्यधिक घनिष्ठ है, वह कैसे विच्छिन्न हो सकता है। फिर भी श्रीसीताजी राम की अनन्य भक्ति एवं अनन्य सेवा स्वरूप होने के कारण सम्प्रयोग-विप्रयोगात्मक अद्भुत उभयविध शृंगाररस सार-सर्वस्वस्वरूपा हैं। यही कारण है कि उनका जहाँ अखण्ड रूप से श्रीराम के साथ नित्य सम्बन्ध है, वहीं उनका श्रीराम के साथ चिर-विप्रयोग भी है कि उनका जहाँ अखण्ड रूप से श्रीराम के साथ नित्य सम्बन्ध है, वहीं उनका श्रीराम के साथ चिर-विप्रयोग भी परिलक्षित होता है। विप्रयोग शृंगार का महत्त्व रसिकों की दृष्टि में संप्रयोग शृंगार से कहीं अधिक है। तभी तो किसी ने कहा है-

संगमविरहविकल्पे विरमिह विरहो न संगमस्तस्य।

संगम और विरह का वरदान मिल रहा हो तो भक्त विरह का वरदान माँगेगा, संगम का नहीं; क्योंकि संगम से प्रियतम का सम्मिलन सीमित होता है, परन्तु विरह में तो प्रियतम ही सर्वत्र स्वरूप से अन्तःकरण, अन्तरात्मा, प्राणों तथा रोम-रोम में निरन्तर मिलते रहते हैं।

-स्वामी श्री करपात्री जी महाराज (रामायण मीमांसा)

सरयू के तट पर प्राचीन लक्ष्मण घाट या सहस्रधारा पर लक्ष्मण जी का मन्दिर है, जिसे शेषावतार मन्दिर कहते हैं। मान्यता है कि यहीं से लक्ष्मण जी ने स्वर्गारोहण किया था। मन्दिर में स्थापित मूर्ति चतुर्भुज स्वरूप में काले पत्थर की बनी हुई है, जिसके बारे में मान्यता है कि वह सामने सहस्रधारा से प्राप्त हुई थी। नागपंचमी के अवसर पर भगवान शेषनाग के अवतार के रूप में यहाँ पूजन और दर्शन का विशेष माहात्म्य है। अयोध्यावासी किसी नाग की पूजा न करके लक्ष्मण जी को ही लावा (खील) चढ़ाते हैं। डच इतिहासकार हंस बेकर अयोध्या के प्राचीनतम स्थलों में सहस्रधारा और शेषावतार मन्दिर को गिनते हैं। चौदहवीं शताब्दी के जैन विद्वान जिनप्रभा सूरि ने अपने ग्रन्थ 'तीर्थकल्प' में इस बात की पुष्टि की है कि अयोध्या में सहस्रधारा तीर्थ स्थापित है।

मन्दिर के गर्भगृह में भगवान शेषावतार श्री लक्ष्मण जी की विशाल प्रतिमा समेत श्रीराम, श्री जानकी, श्री हनुमान तथा श्री लक्ष्मण जी का छोटा उत्सव-विग्रह उपस्थित है

श्री खटिक समाज पंचायती राम-जानकी मंदिर

अयोध्या की पंचकोसी परिक्रमा परिधि के भीतर विभिन्न जातियों के राम पंचायती मन्दिर स्थापित हैं, जो श्रीराम की हर वर्ग में उपस्थिति और उनके समावेशी चरित्र का आदर्श उदाहरण प्रस्तुत करते हैं। इनमें मुराव पंचायती मन्दिर, निषादवंशीय पंचायती मन्दिर, खटिक पंचायती मन्दिर, यादव पंचायती मन्दिर, ठठेर मन्दिर प्रमुख हैं।

श्री मुराव पंचायती राम-जानकी मंदिर

श्री निषाद वंशीय पंचायती राम-जानकी मंदिर

अखिल भारतीय किराड़ क्षत्रिय समाज का वास्तु कला का अत्यंत अनुपम मंदिर, जिसे 'श्रीराम भागवत आश्रम' कहा जाता है। इसके संस्थापक महान्त श्री बैदेहीवल्लभशरण जी महाराज हैं। नया घाट पर स्थित।

श्रीरामनवमी पर्व

जेहि दिन राम जनम श्रुति गावहिं। तीरथ सकल तहाँ चलि आवहिं

चैत्र मास के शुक्ल पक्ष की नवमी तिथि को भगवान श्रीराम का प्रकाट्य हुआ, सम्पूर्ण सनातन धर्मावलम्बी समाज इस पर्व को श्रीराम नवमी के रूप में मनाता है। यह अयोध्या का सबसे बड़ा महोत्सव है। बसन्त के नवरात्र की प्रतिपदा से आरम्भ होकर पूर्णिमा पर्यन्त चलने वाले इस महोत्सव में श्रीराम नवमी का दिन असाधारण उल्लास और आस्था का दिन होता है। श्रीरामजन्मभूमि और कनक भवन समेत सभी मन्दिरों में भगवान का भव्य जन्मोत्सव आयोजित होता है, जिसके अन्तर्गत जन्म के समय आरती के साथ पारम्परिक बधाई गान सम्पन्न होता है। इस अवसर पर बाल रूप श्रीराम तीनों भाइयों समेत पालने में दर्शन देते हैं। श्रीराम नवमी के अवसर पर देश भर से लाखों की संख्या में आने वाला जनसमूह सरयू नदी में स्नान करके मन्दिरों में श्रीराम जन्म का दर्शन करता है। विश्वास है कि इस अवसर पर देवतागण विभिन्न रूप धारण करके श्रीराम जन्म का आमोद मनाने के लिए अयोध्या में उपस्थित रहते हैं। चारों भाइयों की जन्म षष्ठी (छठी) मनाने के साथ यह उत्सव सम्पन्न होता है।

रामजन्म के अवसर पर मन्दिरों में सखी भाव नृत्य

'जनम लियो रघुरइया हो रामा राजा दसरथ घर' -पारम्परिक अवधी लोकगीत

'भए प्रकट कृपाला दीनदयाला कौसल्या हितकारी' -श्री रामचरितमानस

'अवध में आनन्द है छाया, लाल कौसल्या ने जाया' -राधेश्याम रामायण

'शुभ दिन लगन महूरत राम जनम भयो हो' -पारम्परिक अवधी लोकगीत

चतुर्मुखी दीपों से सुसज्जित मंगल घट

श्रीरामजानकी एवं लक्ष्मण जी

बालरूप में श्री रामलला

श्रीरामजन्म पर सरयू स्नान

क्षीरसागर नाव नेवरिया झाँकी

अयोध्या के प्राचीन दन्तधावन कुण्ड में शरद पूर्णिमा की संन्ध्या में शेषनाग पर लेटे हुए चतुर्भुज भगवान विष्णु, उनकी पादुका के समीप आसीन श्री लक्ष्मी तथा श्री विष्णु के नाभिस्थल से उपजे कमल पर विराजमान सृष्टिकर्ता ब्रह्मा जी की मनोहर झाँकी का आयोजन श्रद्धापूर्वक यहाँ के 'साकेत भूषण समाज' द्वारा संचालित किया जाता है। यह सम्पूर्ण लीला एक नाव पर सजाई जाती है, जो धीरे-धीरे कुण्ड में चारों ओर घूमती है, 'नाव नेवरिया' की झाँकी कहलाती है। यह मुख्यतः अयोध्या में मठ-मन्दिरों के बाहर लड्डू मिष्ठान का व्यापार करने वाले हलवाई समाज के द्वारा आरम्भ किया गया उत्सव है, जिसके बारे में मान्यता है कि यह पिछले लगभग सवा सौ सालों से प्रतिवर्ष सम्पादित होता है। इसे आरम्भ करने का श्रेय अयोध्या के व्यापारी स्व. महादेव बूचा को जाता है। आज से साठ-सत्तर वर्ष पूर्व कृत्रिम बिजली की व्यवस्था नहीं होती थी, बल्कि पूरा आयोजन ही मशाल और पेट्रोमेक्स की रोशनी में सम्पादित किया जाता था। धीरे-धीरे इसकी भव्यता बढ़ने और आधुनिक प्रकार के संसाधन उपलब्ध होने के कारण इसमें बिजली की सजावट का उपयोग किया जाने लगा।

कनक भवन के सरोवर में जल-झुलनी

श्रीसरयू महँ नाव बिसाल लगी फुलवारि बसन्त की नैयां
तामें हिंडोर रच्यो रसबोर किशोरि किशोर लसैं मुसकैंयां
नाचहिं गावहिं मन्द झुलाय अली युगचन्दकी लेहिं बलैंयां
संग सिया रसरंगमनी जलझूलन झूलि रहे सिय सैयां

सीतारामशरण 'रसरंगमणि'
श्री सीताराम वर्षविलास से भाद्रपद विलास का पद

जल-विहार झाँकी

भाद्रपद शुक्ल एकादशी के दिन गोधूलि वेला में श्री कनक भवन तथा श्री मणिरामदास जी की छावनी में श्रीराम-जानकी युगल सरकार मंदिर के प्रांगण में बने सरोवर में नौका पर बैठ कर जल विहार करते हैं। सरयू जी में नौका पर श्री सीता राम के चित्रपट सजा कर और उनके स्वरूप विग्रह बैठा कर इसी दिन नौका विहार कराया जाता है, जिसे अयोध्या की भाषा में 'जल झुलनी' कहा जाता है। यह प्राचीन परम्परा है, जो विधिवत निभाई जा रही है।

जानकी महल में फुलवारी प्रसंग

फुलवारी प्रसंग

राम विवाह के पवित्र मास मार्गशीर्ष (अगहन) शुक्ल पक्ष पंचमी के दो दिन पूर्व अयोध्या के मठ-मन्दिरों में फुलवारी लीला का आयोजन होता है। श्रीरामचरितमानस में वर्णित मिथिला के राजमहल में सीता जी का अपनी सखियों के साथ श्री गिरिवरराजकिशोरी की पूजा का प्रसंग और वहाँ श्री राम जी से पहली भेंट का मंचन, श्रीरामजानकी का स्वरूप बनाकर सम्पन्न होता है। यह लीला विअहुति भवन, जानकी महल, रामसखी मन्दिर, रसमोदकुंज तथा अन्य मन्दिरों में सम्पादित होती है, परन्तु जानकी महल की लीला ही सर्वाधिक भव्य और प्रसिद्ध है।

शरद पूर्णिमा झाँकी

आश्विन मास की पूर्णिमा, जिसे शरद पूर्णिमा कहा जाता है में अयोध्या के प्रायः समस्त देवालयों में शरद पूर्णिमा की झाँकी सजायी जाती है। ऐसी मान्यता है कि इस दिन पृथ्वी पर स्वर्ग से अमृत वर्षा होती है, इसलिए मन्दिरों के गर्भगृह में विराजमान श्रीरामजानकी के युगलस्वरूप के उत्सव विग्रहों को मन्दिर के आँगन में खुले आकाश के नीचे विराजमान करते हुए सफेद फूलों की सजावट की जाती है। इस दिन देव प्रतिमाओं को सफेद या हल्के गुलाबी रंग का वस्त्र धारण कराया जाता है। नैवेद्य में खीर चढ़ाने का विधान है। इस झाँकी में चन्द्रमा की शीतल चाँदनी के तहत जब श्रीराम जानकी विराजमान होते हैं, तब शरद पूर्णिमा के पद गायन की भी प्राचीन परम्परा है। श्री कनक भवन, लक्ष्मणक़िला, राजा दशरथ का महल तथा मणिरामदास जी की छावनी में इस उत्सव को अत्यन्त वैभव के साथ मनाया जाता है।

कनक भवन में शरद पूर्णिमा की झाँकी

अन्नकूट पर्व

दीपावली के दूसरे दिन कार्तिक कृष्ण पक्ष प्रतिपदा के दिन अयोध्या के समस्त मन्दिरों में श्रीरामजानकी, श्रीहनुमानलला, श्री राधा-माधव तथा श्री लक्ष्मीनारायण जी के सम्मुख छप्पन प्रकार के विशिष्ट भोज्य पदार्थों, मिष्ठानों, पकवानों का नैवेद्य चढ़ाया जाता है। अयोध्या में जिन्होंने अपने घरों में छोटा सा भी ठाकुरद्वारा बनाकर, शालिग्राम, श्रीरामलला या श्रीकृष्ण की प्रतिमाएँ स्थापित की हैं और नित्य आराधना करते हैं, वे भी अपनी सामर्थ्य के अनुसार अन्नकूट का पर्व मनाते हैं। इस दिन इन मन्दिरों के जगमोहन या आँगन में रामायण या श्रीमद्भागवत की कथाओं के पौराणिक प्रसंगों की कथा लेकर अबीर, गुलाल, विभिन्न रंगों तथा फूलों की पंखुड़ियों से अल्पनाएँ बनायी जाती हैं, जिन्हें 'साँझी' कहा जाता है। हालाँकि अन्नकूट महोत्सव में अयोध्या में यह साँझी बनाना अब विलुप्त होने की कगार पर है। ऐसी मान्यता है कि अन्नकूट का महोत्सव श्रीमद्भागवत की उस कथा पर आधारित है, इसमें आज के दिन भगवान श्रीकृष्ण ने गोवर्धन पर्वत अपनी कनिष्ठा उँगली पर धारण किया था और समस्त गोकुल, मथुरावासी अपने-अपने घरों से खाद्य सामग्री लेकर इंद्र के क्रोध से उत्पन्न जलवृष्टि से बचने के लिए गोवर्धन के नीचे एकत्र हुए थे और नानाविध प्रकार के व्यंजनों का अम्बार लग गया था। गोवर्धन के नीचे शरण लेने में समस्त बृजमण्डल के पशु-पक्षी और गायें भी एकत्रित हुईं थीं। इसीलिए अन्नकूट की पारम्परिक पूजा में साँझी अल्पना बनाते हुए गायों को चित्रित किया जाना शुभ और मंगल का प्रतीक माना जाता है।

हरियाली झाँकी

वैशाख शुक्ल नवमी (जानकी नवमी) के दिन छोटी देवकाली जी का अद्भुत हरियाली उत्सव झाँकी के रूप में मनाया जाता है। यह अनुपम इस कारण भी है कि जानकी जी के जन्म के दिन उनकी कुल देवी की इतने मनोहारी ढंग से दर्शन-झाँकी सजाई जाती है।

देवोत्थान एकादशी तुलसी विवाह तथा पंचकोसी परिक्रमा

पंचकोसी परिक्रमा का आरम्भ करते श्रद्धालु

देवोत्थान एकादशी पर हड़ा-हड़ाई खेलते अयोध्यावासी

पंचकोसी परिक्रमा की भीड़

देवशयनी एकादशी के चतुर्मास व्यतीत होने के बाद कार्तिक शुक्ल एकादशी को देवोत्थान या प्रबोधिनी एकादशी के दिन भगवान विष्णु का जागरण होता है। अयोध्या में यह पर्व सदियों से परम्परा में निभाया जा रहा है। इसी दिन पारम्परिक रूप से भगवान विष्णु के चरण, ऐपन (चावल के आटे और हल्दी का द्रव) बनाकर तुलसी जी के साथ उनका विवाह समस्तप्राय मन्दिरों में सम्पन्न किया जाता है। अयोध्या में यह पर्व इस नगर की पंचकोसी परिक्रमा के लिए असाधारण महत्त्व का है। देवोत्थान के लिए कहा जाता है- 'जागो भगवान, उठो भगवान, मंगल करो भगवान! गया के गदाधर, प्रयाग के वेणीमाधव, काशी विश्वनाथ जागो।'

इसी दिन अयोध्या तथा आसपास के क्षेत्रों में मूलतः खेत-खलिहान के पास सायं वेला में 'हड़ा-हड़ाई' खेला जाता है। इसके तहत बच्चे, युवक और किसान अपने हाथों में सरपत या मूँज के ऊपरी भाग में सूखे हुए फूल को तोड़कर, जिसे भुवाली कहते हैं, गन्ने या किसी डण्डे में बाँधकर जलाने के बाद हाथों से नचाते हैं। इसे 'हड़ा-हड़ाई' करना कहा जाता है। लोक परम्परा में यह विश्वास है कि जिस तरह सरपत की पूँछ में आग लगाकर इसे चारों ओर घुमाया जाता है, वह कहीं न कहीं लंकादहन का प्रतीकात्मक निरूपण है, जिसे लोक परम्परा जीवन्त करती है।

पारम्परिक तुलसी विवाह, श्री राधा माधव मन्दिर, राजसदन

पारम्परिक तुलसी विवाह, श्री कनक भवन

पारम्परिक मंगल चौक, जिसकी वेदी पर श्री विष्णु-चरण बनाकर तुलसी जी का विवाह शालिग्राम भगवान से सम्पन्न कराया जाता है।

गोदाम्बा महोत्सव

दक्षिण भारत के आलवार सन्तों की परम्परा में पेरिआलवार या विष्णुचित्त आलवार की पुत्री गोदाम्बा जी का विशेष सम्मान है, जिन्हें आण्डाल (तमिल) या रंगनायकी भी कहा जाता है। इन्होंने भगवान श्री रंगनाथ जी को पति रूप में वरण करने के लिए मार्गशीर्ष मास में पड़ने वाले धनुर्मास (16 दिसम्बर से 14 जनवरी का काल) के तीस दिनों तक उनका व्रत, अनुष्ठान और अर्चा-गायन किया था। वे हर दिन एक पद रचकर श्री रंगनाथ स्वामी को सुनाती थीं। तीस दिनों की उनकी आराधना से प्रसन्न होकर श्री रंगनाथ जी ने उनका पाणिग्रहण करके वरण किया। उनके इस तरह लिखित तीस पदों का संग्रह तिरुप्पावई (श्रीव्रत प्रबन्ध) कहलाता है, जो मणिप्रवाल भाषा में है। मान्यता है कि धनुर्मास में गोदाम्बा उत्सव की एक मास तक चलने वाली आराधना में प्रत्येक दिन का पाठ करते हुए भक्तजन श्री रंगनाथ तथा गोदाम्बा जी के हृदयस्थल में शरणागति पाते हैं।

अयोध्या के रामानुज सम्प्रदाय के मन्दिरों में यह उत्सव धूमधाम और शास्त्रसम्मत ढंग से सम्पन्न होता है। यह परम्परा विजय राघव मन्दिर, कोसलेश सदन, अशर्फ़ी भवन, उत्तर तोताद्रिमठ, नेपाली मन्दिर, वैकुण्ठ मण्डप तथा वैकुण्ठनाथ मन्दिर की वार्षिक उत्सव-परम्परा का महत्त्वपूर्ण आयोजन है। अयोध्या में दाक्षिणात्य पद्धति का मनोरम शास्त्रोक्त पूजन विधान...

तुलसी बन से प्रगट भईं हैं
जैसे जनम भयो सीता को
भजमन विष्णुचित्त दुहिता को

- श्री गोदाम्बा उत्सव में गाये जाने
वाले कीर्तन की पंक्तियाँ

माला को कैसे धार आयीं प्यारी बेटी गोदा...

गोदाम्बा (आण्डाल) की पारम्परिक छवि

दीपावली का आनन्द-मंगल

दीप आलोकित घरौंदा

बाजै लागी आनन्द बधइया
अयोध्या में राम आये
राम आये लछिमन आये
और आयीं सीता मइया
बारह जोड़ी नगाड़ा बाजे
सोलह जोड़ी सहनइया

- श्रीराम के लंका विजय के बाद
अयोध्या आगमन का गीत

लंका-विजय के बाद श्रीराम जानकी जी तथा लक्ष्मण जी के साथ श्रीहनुमान और समस्त वानर सेना का अयोध्या आगमन। अयोध्यावासियों के हर्ष, उल्लास, उमंग, आनन्द और गौरव का साक्षी बना, घर-घर मंगलदीप जलाए गए। इस तरह भारतीय संस्कृति में दीपावली पर्व की आधारशिला रखी गयी। अयोध्या के जनमानस में व्याप्त इस महान दिन के अंगीकार का त्यौहार अब सनातन हिन्दू धर्म के सबसे बड़े पर्व के रूप में प्रतिष्ठित व सम्मानित है। इस अनुपम मंगल-पर्व की कुछ लोकरंजक छवियाँ।

मृण्मयी मूर्तियाँ: श्री गणेश श्री लक्ष्मी

दीपावली का पारम्परिक मंगल चौक

दीप-देहरी-द्वार पर अल्पना

रामार्चा पूजन परम्परा

रामार्चा पूजन परम्परा शिव संहिता में वर्णित है। यह भगवान शिव जी से पार्वती जी के पूछने पर बतायी गयी पूजा विधि है, जो श्रीराम जी की सपरिकर (प्रियजनों, मित्रों, सम्बन्धीजनों तथा सेवकों समेत) सर्वोत्कृष्ट पूजा पद्धति है। इसमें चार आवरणों में श्रीसीताराम जी की पूजा का विधान है, जिसमें पहले आवरण में पार्वती जी से प्रारम्भ करके शिव जी तक तेईस देवी-देवताओं की अर्चना की जाती है। दूसरे आवरण में श्री अयोध्या धाम की अर्चा से आरम्भ करके अष्टमंत्रियों तक, तीसरे आवरण में महाराजा दशरथ जी से आरम्भ होकर हनुमान जी पर्यन्त और चौथे आवरण में प्रधान देवता के रूप में श्रीसीताराम की शास्त्रोक्त विधि से पूजा सम्पादित की जाती है। इस पूजा पद्धति का उल्लेखनीय पहलू यह है कि यहाँ अंगद, जाम्बवान, नल-नील तथा सुषेण जैसे भक्तों की पूजा भी उसी भाव और सम्मान से सम्पन्न होती है, जैसी श्रीसीताराम जी की सम्पन्न की जाती है। इस आराधना को वैष्णव भक्तों में प्रचारित-प्रसारित करने और अयोध्या की मुख्य राम उपासना बनाने का श्रेय जानकीघाट के श्रीरामवल्लभाकुंज मन्दिर के संस्थापक श्रीरामवल्लभाशरण महाराज का है। अयोध्या में प्रचलित होने के बाद ही इसका प्रसार भारत के समस्त श्रीराम उपासना केन्द्रों में हुआ है।

रामार्चा पूजन की शास्त्रोक्त वेदिका और पूजन

आकाशवाणी सम्भाषण

अयोध्या के समस्त प्राय मन्दिरों में श्रावणी पूर्णिमा के दिन झूलनोत्सव का विश्राम हो जाता है, जबकि सदगुरु सदन में यह आयोजन आगे भी चलता रहता है। भाद्रपद कृष्ण तृतीया की रात्रि से प्रारम्भ होकर चतुर्थी के ब्रह्ममुहूर्त में झूला महोत्सव के समापन का आयोजन यहाँ विशेष समारोहपूर्वक भगवान और भक्तों के बीच संवाद के माध्यम से सम्पन्न होता है। यह 'आकाशवाणी' की परम्परा है, जो अति प्राचीन है। उस दिन सदगुरु सदन में श्रीराम और जानकी जी के युगल स्वरूपों के कई जोड़े आकर आकाशवाणी करते हैं, जिसके तहत एक ऊँचे छज्जे पर यह स्वरूप खड़े होकर अयोध्या के सन्त समाज और नागरिकों पर आशीर्वाद की वर्षा करते हैं। इसी के उपरान्त पंचमी तिथि के दिन जानकीबाग में यह महोत्सव समाप्त होता है।

फूल बँगला झाँकी

श्री माधुरी कुंज का फूल बंगला

फूलबंगला की झाँकी भगवान श्रीराम और जानकी जी के राजकीय वैभव (राजोपचार) आराधना का एक प्रमुख उपक्रम है। यह झाँकी मुख्य रूप से वैशाख, ज्येष्ठ और आषाढ़ के महीनों में भगवान के युगल-स्वरूप को ग्रीष्म के ताप से शीतलता दिलाने के सन्दर्भ में सम्पन्न होती है। इसमें फूलों के मण्डप बनाकर श्रीविग्रहों को विराजमान कराने की परम्परा है। अयोध्या के अधिकांश मन्दिरों में धूमधाम से मनाये जाने के अलावा मथुरा, वृन्दावन तथा अन्य धामों में भी पारम्परिक रूप से प्रचलित है। इस अवसर पर फूल बंगला झाँकी के पद गाये जाते हैं, जिसमें विभिन्न प्रकार के पुष्पों की सजावट उनकी शीतलता और सुगन्ध का वर्णन तथा भगवान की माधुर्य छवि का प्रसंग वर्णित होता है।

आली फूल बँगला बना क्या बाँका
छिति छत पुष्प कलिन की प्यारी
चलत फुहार अतर केवड़ा का

बाँका झूला सियसाजनकारी
मोतिनहार, बन्दनवार, हीरे हजार की कतार
बार-बार छबि निहार, रतिपति निज मद झूलारी
बाँका झूला सियसाजनकारी
चम्पा, चमेली, मोतिया, बेला, जुही, अकेली छवि सकेली
झेलि-मेलि, करत केलि, फूलों की महक से फूलारी
बाँका झूला सियसाजनकारी

श्री कालेराम जी का फूल बंगला

श्री हनुमान बाग़ का फूल बंगला

श्री विराट भगवान का फूल बंगला

श्री मणिरामदास छावनी का फूल बंगला

शिव बारात की परम्परा

महाशिवरात्रि के अवसर पर अयोध्या के पंचमहादेवों की उपासना पद्धति में सम्मिलित श्री नागेश्वरनाथ महादेव के मन्दिर से शिव का स्वरूप विग्रह बनाकर उनकी बारात पारम्परिक ढंग से निकलती है, जो नगर भ्रमण करती हुई श्री क्षीरेश्वरनाथ महादेव तक जाती है। यह प्राचीन परम्परा इस वैष्णव नगरी में शैवमत के प्रति आस्था और विश्वास का एक उल्लेखनीय उदाहरण है।

रामचरितमानस में जिस तरह शंकर जी की बारात का अपूर्व वर्णन हुआ है, उसी तथ्य पर शिव की बारात अपने गणों के साथ मस्त-मलंग भाव से अयोध्या की संस्कृति में एक अनूठे रंग का उल्लास घोलती है। यह इस शहर की प्राचीन परम्परा है, जो आज तक उसी वैभव के साथ निभाई जा रही है।

शिव बारात

श्री नागेश्वरनाथ महादेव का शिवरात्रि पूजन

चौदह कोसी परिक्रमा

मेले में झूले का आनन्द

श्री हल्दी से विष्णुपद निरूपण,
श्री शालिग्राम जी तथा श्री नर्मदेश्वर शिवलिंग

कार्तिक मास में अक्षय नवमी के दिन श्रीअयोध्या धाम की चौदह कोसी परिक्रमा का विधान है। यह परम्परा बरसों से कायम है और इसमें श्रद्धापूर्वक भाग लेने वाले सिर्फ़ अयोध्या के ही लोग नहीं होते, बल्कि आस-पास के शहरों और दूर-दराज के गाँवों-कस्बों और तीर्थों का आम जनमानस इसमें भाग लेने आता है। चौदह कोसी परिक्रमा के दिन अयोध्या में विभिन्न स्थलों पर मेला लगता है और अयोध्या के नित्य दर्शन वाले मन्दिरों में अपार भीड़ होती है, जिनकी संख्या लाखों तक पहुँचती है। इस दिन आँवले के वृक्ष की पूजा करके इसकी छाँव तले बैठकर चूल्हा जलाकर भोजन पकाने और प्रसाद ग्रहण करने की भी पुरानी परम्परा है। आजकल के आधुनिक युग में भी हम आसानी से इस दिन मेले में आए हुए श्रद्धालुओं को आँवले के पेड़ के नीचे भोजन पकाते और उसका रस ग्रहण करते देख सकते हैं। अयोध्या के बेहद प्रतिष्ठित पर्वों में चौदह कोसी परिक्रमा का बड़ा महत्त्व है।

चौदह कोसी परिक्रमा में भक्तजन

धार्मिक पुस्तकें ख़रीदते मेलार्थी

कार्तिक का नहान

अयोध्या में कार्तिक मास की पूर्णिमा का विशेष माहात्म्य है। आश्विन पूर्णिमा (शरद पूर्णिमा, कोजागरी) से यहाँ के मठ-मन्दिरों और सरयू जी के घाटों पर दीपदान का जो नियम आरम्भ होता है, उसका समापन इसी दिन होता है। इस दिन सरयू में स्नान का विशेष महत्त्व है, जिसे अत्यन्त पुण्य फलप्रद माना गया है। लोकआस्था के अनुसार सीता जी भी श्रीराम से इस दिन सरयू स्नान के लिए मनुहार करती हैं, जिसके ढेरों पद पूर्णिमा स्नान के मेले में आये हुए श्रद्धालु गाकर अभिव्यक्त करते हैं। अयोध्या में सरयू स्नान के जो प्रमुख पर्व हैं, उनमें श्रीरामनवमी, श्रावणी पूर्णिमा (रक्षाबन्धन), अक्षय नवमी, देवोत्थान एकादशी तथा कार्तिक पूर्णिमा आते हैं। इस दिन अयोध्या में लाखों आस्थावान भक्तों की भीड़ होती है। अयोध्या का ये प्राचीन और अत्यन्त महत्त्वपूर्ण पर्व है।

चलो अस्नान बिमल जल सरजू के
राम कहै हम सरजू नहाउब
सीता कहै हम चलब जरूर
बिमल जल सरजू के

श्री हनुमानगढ़ी की रंगभरी एकादशी

श्री पंच रामानंदीय अखाड़ों की परंपरा में श्री हनुमानगढ़ी में फाल्गुन मास की रंगभरी एकादशी के दिन श्री हनुमान जी को रंग और अबीर चढ़ाया जाता है, जिससे अयोध्या में होली की विधिवत शुरुआत मानी जाती है। इस दिन हनुमानगढ़ी का निशान चरण पादुका मंदिर तक जाता है और वहां भी रंग खेलने की परम्परा निभाई जाती है। इसी तरह हनुमत सदन और हनुमत निवास में भी हनुमान जी का निशान जाता है और समस्त हनुमत उपासना के पीठों पर उसका स्वागत और आराधना होती है। बैरागी और नागा साधु इसी दिन से रंग खेलना आरम्भ करते हैं।

यह भी उल्लेखनीय तथ्य है कि हनुमान गढ़ी की चारों पट्टियों क्रमशः हरिद्वारी, उज्जैनिया, बसन्तिया और सागरिया के नागा होली खेलने रंगमहल आते हैं और बधाई के गीत गाते हैं। रंग खेलने की परम्परा को लेकर ही इस स्थान का नाम संस्कार 'रंगमहल' किया गया। यह पद होली की परम्परा का विशेष चर्चित है-

'रंगीले रंगमहल में खेल रहे दोउ फाग'

श्री हनुमानगढ़ी में रंगभरी एकादशी

रंग खेलते नागा साधु

होली का उल्लास

श्री सीताराम विवाह महोत्सव

दूलह राम सिय दुलहि री

श्री कनक भवन विवाह पालकी में श्री कनकबिहारी जी का उत्सव विग्रह

मण्डप तले स्वरूप सरकार का विवाह संस्कार

कनक भवन मण्डप में श्रीराम-जानकी विवाह

दूब दधि रोचनु कनक थार भरि-भरि
आरती सँवारि बर-नारी चली गावतीं
लीन्हें जयमाल कर कंज सोहैं जानकी के
पहिरावो राघो जू को सखियाँ सिखावतीं

- गोस्वामी तुलसीदास (कवितावली)

◆◆◆

सोभित सीताराम कनक मण्डप तरे
सिर सोने के मौर मंजु मुक्तागरे
परसत अमल कपोल सुमुक्ता मौर के
राजिव लोचन लोल कमल मानो भोर के

श्री कनक भवन में
श्री सीताराम विवाह के समय मण्डप में
मौरा पहने हुए जानकी जी और रघुनाथ जी

श्री कनक बिहारी सरकार के दरबार में समस्त युगल सरकार मौरा धारण किये हुए

बैठे कौसिल्या रानी गोद रामचन्द्र दूल्हे बने हैं
दुलहे बने काँ ऊ मौरु सोहै
कलंगी पे नाचत मोर, रामचन्द्र दुलहे बने हैं
दुलहे बने को ऊ जामा सोहै
पगिया पै नाचत मोर, रामचन्द्र दूल्हे बने हैं

- दूल्हा वेश में श्रीराम के सजाने की लोकछवि पारम्परिक गीत में

विवाहोपरांत श्री राम जानकी के स्वरूपों की अभिराम छवि

श्री राम विवाह का पारम्परिक चौक

अयोध्या में श्रीराम जानकी विवाह का पर्व, श्रीराम नवमी तथा जानकी नवमी की तरह ही विशेष माहात्म्य और उल्लास का है। लगभग समस्तप्राय मंदिरों में यह पर्व विधिवत ढंग से संपन्न होता है, जिसमें नगर के बाहर से भी अपार जन समुदाय भागीदारी करता है। अयोध्या में श्री कनक भवन, विअहुति भवन, लक्ष्मण क़िला, सियाराम क़िला, रामसखी मंदिर, राजा दशरथ का महल, रसमोद कुंज, रूपकला तथा दिव्यकला कुंज, श्री रामवल्लभाकुंज, जानकी घाट बड़ा स्थान, श्री मणिराम दास जी की छावनी, जानकी महल, श्री रामहर्षण कुंज आदि में श्री राम विवाह धूमधाम से संपन्न होता है।

रंगमहल का झूला

दै गलबाहीं झूलैं दोउ आज
सरयू तीर तमाल कुंज में जनकलली रघुराज
काह कहुँ सखि कहत बनै ना कोटिन सुख के साज
'मधुरअली' सब तजि संग झुलिहौं छाँड़ि लोक कुल लाज

रंगीले तेरी झूलन हैं अति प्यारी
झूलन झुकन हँसन लालन की चितवन नैन कटारी
श्याम गौर दोउ अंग मनोहर रुप राशि उजियारी
कहत सखी तुम धीरे झूलौ डरपत सिया सुकुमारी
'सरयूसखी' ये युगल कुँवर पर कोटिन रतिपति वारी

सावन मास की एकादशी (शुक्ल पक्ष) में राम और सीता के युगल स्वरूप की 'गलबहियाँ की झाँकी' विशेष आकर्षण है। झूलन के मध्य गोस्वामी तुलसीदास जी की मूर्ति बिठाई जाती है और रसिक परम्परा के तहत झूला के ऊपर चँदोवा छवाने की परम्परा है। झूलनोत्सव यहाँ गुरुपूर्णिमा से आरम्भ होकर रक्षाबन्धन तक चलता है।

श्री कालेराम मन्दिर का झूला

अयोध्या के प्राचीनतम राम मन्दिरों में से एक, जिसके बारे में मान्यता है कि इसका निर्माण इन्दौर की महारानी अहिल्याबाई होल्कर ने करवाया था। राम दरबार का सम्पूर्ण विग्रह एक ही काले शिलापट पर उत्कीर्ण है, जबकि श्रीराम के सम्मुख बाहर जगमोहन में स्थापित श्री हनुमान जी का विग्रह दक्षिणामुखी है और वे भी श्याम वर्ण हैं। यहाँ पर पूजा-अर्चना की परम्परा मराठी पद्धति से सम्पन्न होती है। वर्ष भर चलने वाले उत्सवों में शास्त्रीय संगीत की परम्परा बेहद समृद्ध रही है। इस मन्दिर की परम्परा लगभग 275 वर्ष पुरानी मानी जाती है। इस मन्दिर में अपनी संगीत सेवा देने वालों में पं. विष्णु दिगम्बर भातखण्डे तथा पं. डी.वी. पलुस्कर जैसे श्रेष्ठ आचार्य गवैये शामिल रहे हैं। सावन झूला में भी यहाँ विशेष संगीत की परम्परा है।

कनक-भवन का झूला

कनक-भवन के विग्रहों के बारे में एक सुन्दर स्थापना यह है कि सबसे बड़ी मूर्ति को महल बिहारी सरकार कहा जाता है, क्योंकि उनका विग्रह अपनी नियत महल की जगह से कभी नहीं हटता। दूसरा विग्रह प्राचीनतम विग्रह है, जिसे 'कनक-भवन झूलन बिहारी सरकार' कहा जाता है, क्योंकि यही विग्रह सावन में मन्दिर के गर्भगृह से निकलकर जगमोहन में झूला पर पधारने के लिए आता है। तीसरा विग्रह सबसे छोटा विग्रह है, जो अष्टधातु से निर्मित है। इसी विग्रह को कनक-भवन के प्रधान अर्चक अपनी गोदी में बिठाकर चाँदी-सोने के गंगा-जमुनी काम की पालकी में श्रावण शुक्ल तीज के दिन मणिपर्वत पर झूलनोत्सव के लिए मन्दिर प्रांगण से बाहर ले जाते हैं।

यह जानना भी इस मन्दिर के सन्दर्भ में उल्लेखनीय है कि भारतवर्ष के तमाम सारे प्रमुख कलाकार एवं नर्तक जब कभी भी अयोध्या आये हैं, तो उन्होंने राम-जानकी के प्रति अपनी गायन सेवा या नृत्य सेवा के लिए कनक-भवन का ही प्रांगण चुना। पं. मनीराम, पं. जसराज, पं. महादेव प्रसाद मिश्र, पं. राजन-साजन मिश्र, पं. गौरीशंकर महाराज, श्रीमती मालिनी राजूरकर, स्वामी राममोहिनीशरण, मृदंगाचार्य भगवानदास, स्वामी पागलदास, पं गौरीशंकर महाराज, श्रीवत्स जी गोस्वामी समेत ढेरों नामचीन एवं अनाम गवैये, कथिक, रासलीला नर्तक एवं वादकों का जमावड़ा यहाँ श्रीरामनवमी, सावन झूला तथा राम-विवाह के अवसर पर होता रहा है।

कोसलेश सदन का झूला

इस स्थान में श्रीराम के जीवन-प्रसंगों से सम्बन्धित समस्त पर्व और अनुष्ठान परम्परागत व शास्त्रसम्मत तरीके से संपादित किए जाते हैं। वेद-पाठ, वेदों का अध्ययन व सांगीतिक लय में मंत्रोच्चार की एक अलग ही वैदुष्यपूर्ण परिपाटी का नियामक पीठ.....

सावन झूला की परम्परा यहाँ मणिपर्वत के झूलनोत्सव से ही प्रारम्भ हो जाती है। कोसलेश सदन के संस्थापक स्वामी श्री राम नारायणाचार्य जी महाराज 'यतीन्द्र स्वामी' के समय से ही भगवान श्री लक्ष्मी नारायण को रिझाने के लिए शास्त्रीय गायन की समृद्ध सेवा-परम्परा अतिप्राचीन है।

कोसलेश सदन के श्री लक्ष्मीनारायण जी झूलन विहार करते हुए

लोकाभिरामं रघुवंशनाथं
हरिं चिदानन्दमयं मुकुन्दम्
अशेषविद्याधिपतिं कवीन्द्रं
नमामि रामं तमसः परस्तात्

-रामस्तवराज

जो तम से परे, सच्चिदानन्दस्वरूप, सम्पूर्ण विद्याओं के अधिपति, कवीन्द्र तथा मुकुन्द हरि रूप हैं;
उन लोकाभिराम रघुवंशनाथ श्रीराम को मैं प्रणाम करता हूँ।

लक्ष्मण क़िला का झूला

लक्ष्मण क़िला की अतिप्राचीन परम्परा में स्वामी युगलानन्यशरण 'हेमलता' जी द्वारा स्थापित वैष्णव अनुष्ठान के पर्वों में सावन झूला का कार्यक्रम अद्वितीय है। अयोध्या के कुछ ही मठ-मन्दिर ऐसे हैं, जहाँ पारम्परिक रूप से सावन झूला में पद और सवैयों का गायन होता है, जिसमें लक्ष्मण क़िला अग्रणी है। यहाँ से सम्बन्धित ढेरों रसिकोपासना के आचार्यों ने झूला के जो पद लिखे हैं, वह एक पदावली संग्रह श्री झूलन विहार पदावली नाम से संकलित हैं। इस तरह लक्ष्मण क़िला की सावन झूला की परम्परा का अपनी विशिष्टता और भव्यता रही है, जो आज तक अहर्निश जारी है।

श्रीरामवल्लभाकुंज का झूला

लगभग सौ वर्ष पुराना रसिक सम्प्रदाय का प्रधान पीठ है, जिसे पुराने अर्थों में 'वेदान्ती जी का मन्दिर' भी कहा जाता है। इसे स्वामी श्रीरामवल्लभाशरण जी ने स्थापित किया था। यहाँ के श्रीराम-जानकी के विग्रह को 'श्रीजानकीवल्लभ लाल जू' कहा जाता है। चूँकि श्री रामवल्लभाशरण जी उच्चकोटि के विद्वान थे, अतः यहाँ पर विराजमान आचार्यों को 'पण्डित विरुद' से विभूषित किया जाता है। 'रामार्चा पूजन' की पद्धति आपके द्वारा ही बनाई गयी थी, जिसके माध्यम से श्रीराम की पारम्परिक शास्त्रोक्त अर्चना अयोध्या में प्रचलित है। इस परम्परा का सबसे मुख्य आयोजन चैत्र रामनवमी में जन्मोत्सव समारोह के बाद चैत्र पूर्णिमा के दिन ही भगवान श्रीराम की राजगद्दी का है। राजसिंहासन लगाकर भगवान पधारे जाते हैं। पूजन, आरती और रामायण गान के अलावा राजगद्दी के पद गाये जाते हैं। अयोध्या में राजगद्दी के पूजन का यह अनूठा अवसर है, जो इस मन्दिर की परम्परा में निभाया जाता है। इसके अलावा सावन झूला, शरद पूर्णिमा, राम-विवाह और कलेवा के अतिरिक्त मुख्य पर्व के रूप में होलिकोत्सव मनाया जाता है। होली यहाँ अयोध्या में सबसे लम्बे समय तक (वसन्त पंचमी से फाल्गुन पूर्णिमा) मनाया जाने वाला उत्सव है।

श्री अशर्फ़ी भवन का झूला

इस स्थान में श्रीराम के जीवन-प्रसंगों से सम्बन्धित समस्त पर्व और अनुष्ठान परम्परागत व शास्त्रसम्मत तरीके से संपादित किए जाते हैं। वेद-पाठ, वेदों का अध्ययन व सांगीतिक लय में मंत्रोच्चार की एक अलग ही वैदुष्यपूर्ण परिपाटी का नियामक पीठ..... सावन झूला की परम्परा यहाँ मणिपर्वत के झूलनोत्सव से ही प्रारम्भ हो जाती है, जिसमें शास्त्रीय गायन और कथक नृत्य द्वारा भगवान श्री लक्ष्मीनारायण की सेवा-परम्परा अतिप्राचीन है। पं. रसिकविहारी मिश्र 'कल्लू महाराज' तथा कथक नर्तक पं. ओंकारनाथ मिश्र के कला-प्रदर्शन यहाँ के वार्षिक आयोजनों का आकर्षण रहे हैं।

श्रीलाल साहब दरबार का झूला

श्री कनकभवन परिसर में उपस्थित दिग्गी रियासत का मन्दिर, जिसे श्रीलाल साहब का दरबार कहा जाता है में सावन-झूला की प्राचीन परम्परा है। बालस्वरूप में विराजमान श्रीरामलला और उनके दरबार की मोहक छवि का माधुर्य भक्ति से परिपूर्ण यह झूलन कार्यक्रम अपने आप में अनूठा है। मधुरोपासना की परिपाटी में यहाँ झूलन का कार्यक्रम सरस भाव से निभाया जाता है, जिसमें शास्त्रीय तथा लोक-गायन की छटा देखने लायक होती है।

विअहुति भवन का झूला

विअहुति भवन एक तरह से श्रीजानकी जी के नैहर की परम्परा का निर्वाह करता है और समस्त कार्य मिथिला की पद्धति में व्यवहार में लाए जाते हैं। श्रीराम विवाह उत्सव की प्रमुख पीठ। विअहुति भवन की प्रमुख अर्चा में अष्टयाम सेवा, रामार्चा पूजन और सीताराम विवाह प्रमुख हैं। इस मन्दिर की यह उल्लेखनीय बात है कि प्रत्येक मास के दोनों पक्षों (शुक्ल एवं कृष्ण पक्ष) की पंचमी तिथि को रामजानकी का विवाह होता है। यह नियम सिर्फ राम-जन्म एवं जानकी-जन्म वाले पक्षों, मसलन चैत्र शुक्ल पक्ष एवं वैशाख शुक्ल पक्ष में नहीं निभाया जाता, क्योंकि ये दोनों पक्ष सीता-राम के जन्म से सम्बन्धित हैं। साथ ही, ज्येष्ठ मास के दोनों पक्षों में भी विवाह सम्पादित नहीं किया जाता, क्योंकि लोक मान्यता यह है कि यदि पुत्र या पुत्री कुल में बड़ा (ज्येष्ठ) हो, तो इस माह में विवाह वर्जित है। चूँकि श्रीराम और सीता जी दोनों ही अपने-अपने कुलों में ज्येष्ठ हैं, इसलिए इन दिनों भी राम-विवाह का निषेध रहता है। अगहन शुक्ल पंचमी के दिन होने वाले रामविवाह उत्सव में यहाँ श्रद्धालुओं की भारी भीड़ विवाह देखने के लिए होती है।

श्री सियाराम क़िला का झूला

श्रीराम भक्ति की रसिक परम्परा का महत्त्वपूर्ण स्थान। इसकी स्थापना अयोध्या के सन्त श्री जानकीशरण (झुनझुनिया बाबा) ने की थी। इस कारण भी यह स्थान झुनकी या झुनझुनिया घाट के नाम से जाना जाता है। श्री जानकीशरण जी स्त्री वेश में रहते थे और मधुरोपासना की परम्परा में सेवा-भाव को 'अन्तःकरण सेवा-भाव' कहते थे। यहाँ सिर पर आँचल रखकर आरती की जाती है। मिथिला की परम्परा के अन्तर्गत पूजन विधान का यह पीठ, मुख्य रूप से अपने संस्थापक जानकीशरण जी की परम्परा का निर्वाह करता है।

हनुमत निवास का झूला

हनुमत निवास का सावन झूला भी अतिप्राचीन है। यहाँ पर श्री हनुमंत लला मुख्य विग्रह के रूप में झूलन पर विराजते हैं। यहाँ पर देसी और मार्गी संगीत की अनूठी परम्परा का निर्वहन देखा जा सकता है।

रामसखी मन्दिर का झूला

गोलाघाट पर स्थित इस प्राचीन मन्दिर में श्रावण शुक्ल तृतीया से पूर्णिमा तक झूला महोत्सव होता है। रामविवाह के अवसर पर, विवाह महोत्सव में भव्य बारात निकलती है, जिसमें तीन तरह के रथ होते हैं- मन्दिर बिहारी का रथ, स्वरूप सरकार का रथ और सन्तों का रथ। विवाह में मटकोर के पद गाये जाते हैं और सखी भाव से ही यहाँ के सारे पर्व सम्पन्न होते हैं।

सदगुरु सदन का झूला

अयोध्या में सरयू नदी के तट पर प्राचीन पापमोचन घाट पर रसिकोपासना के एक प्रमुख पीठ के रूप में स्थित। यह अयोध्या का अकेला ऐसा स्थान है, जहाँ श्रावण मास में सबसे लम्बे समय तक झूलनोत्सव कार्यक्रम चलता है। समस्त प्राय मन्दिरों में श्रावणी पूर्णिमा को झूलनोत्सव का विश्राम हो जाता है, जबकि सदगुरु सदन में भाद्रपद कृष्ण तृतीया की रात्रि से प्रारम्भ होकर चतुर्थी के ब्रह्ममुहूर्त में झूला महोत्सव के समापन का आयोजन विशेष समारोहपूर्वक भगवान और भक्तों के बीच संवाद के माध्यम से सम्पन्न होता है। इसी के उपरान्त पंचमी तिथि के दिन जानकीबाग में यह महोत्सव समाप्त होता है।

सदगुरु सदन में श्रीराम-जानकी के लीला स्वरूप झूला झूलते हुए

भक्तमाल का सावन झूला

भक्तमाल का सावन झूला,अयोध्या के अन्य मंदिरों की तरह ही अतिप्राचीन और उल्लेखनीय है। यहाँ पर झूला की सजावट फूलों के रंग-बिरंगे चँदोवे से और भी आकर्षक बन जाती है। सावन के पूरे महोत्सव में यहाँ संगीत गायन की पुरानी परम्परा विद्यमान रही है।

रामानन्दी निर्वाणी बैरागी परम्परा के प्राचीनतम स्थलों में से चरण पादुका मन्दिर एक है। ऐसी मान्यता है कि लगभग तेरहवीं शताब्दी में रामानन्दाचार्य जी पहली बार श्रीरामनवमी के दिन अयोध्या पधारे, तब इसी स्थान पर सम्प्रदाय की स्थापना की। यह भी लोकश्रुति है कि रामानन्दाचार्य भगवान श्रीराम की चरण पादुका लेकर अयोध्या पधारे थे और इसी स्थान पर उनके बाल-रूप में मूर्ति विग्रह के साथ पादुकाओं की स्थापना की। अखाड़े में नागापना महोत्सव के समय सभी नागा चरणपादुका में उपस्थित होकर उसी विग्रह के सम्मुख शपथ ग्रहण करते हैं। जो नागा कुम्भ में नागा बनते हैं, वे वहीं पर चरण पादुका की स्थापना करके शपथ ग्रहण करते हैं। ऐसी मान्यता है कि वर्ष में तीन बार श्री हनुमन्तलला, श्रीराम की चरण पदुका की पूजा करने के लिए यहाँ आते हैं। ये पुनीत अवसर हैं- श्रीकृष्ण जन्माष्टमी, विजयादशमी, होलिकोत्सव। चूँकि यह मन्दिर हनुमान जी के आदिपीठ श्रीहनुमानगढ़ी से जुड़ा हुआ है, अतः इन तीनों अवसरों पर हनुमानगढ़ी पर विशेष भोग-प्रसाद की व्यवस्था की जाती है, जिसमें अपूप (मालपुआ) चढ़ाने का विधान है। होली, विजयादशमी और रंगभरी एकादशी को श्री हनुमान जी का निशान बड़े समारोह के साथ यहाँ आता है।

उदासीन आश्रम

रानोपाली में स्थित उदासीन सम्प्रदाय का महत्त्वपूर्ण स्थान, जिसकी भारतवर्ष में 75 से अधिक शाखाएँ हैं। बाबा संगतबख़्श द्वारा स्थापित। यहाँ के महान्त बाबा माधवराम जी तथा बाबा नारायण राम जी पहुँचे हुए फकीर के रूप में स्मरणीय हैं। यहाँ सन्तों, गुरुओं और आचार्यों के पूजन और जपनाम की परम्परा है। परिसर के अन्दर गुरुसागर नाम का एक पक्का तालाब है, जिस पर गुरुपर्व को मेला लगता है।

पण्डित राधेश्याम कथावाचक: राधेश्याम रामायण

धनुष-महोत्सव का हुआ-जब सुखमय परिणाम
'राघवेन्द्र की विजय'-से गूँजा मिथिलाधाम
सभी नगरवासियों में उमड़ा यह उत्साह
विधिपूर्वक हो जाय अब-'सीताराम-विवाह'
'यों तो नाता जुड़ गया धनुष टूटते साथ
फिर भी लोकाचार हो' बोले मिथिलानाथ
'नयनों को है लालसा निरखें यह आनन्द
दुल्हन हो प्यारी सिया, दूल्हा रघुकुलचन्द्र
- बालकाण्ड से

इस तन में रमा करना इस मन में रमा करना
बैकुण्ठ यही तो है, इसमें ही बसा करना
हम मोर बन के मोहन, नाचा करेंगे बन में
तुम श्याम घटा बनकर-उस वन में उठा करना
बन-बन के हम पपीहे-पी-पी रटा करेंगे
तुम स्वाति-बूँद बनकर-प्यासों पै दया करना
हम 'राधेश्याम' जग में-तुमको ही निहारेंगे
तुम 'दिव्य-ज्योति' बनकर-नयनों में रमा करना
- लंकाकाण्ड से

श्रीराम का पावन चरित मनकामना दातार है
निस्सार इस संसार में सचमुच यही तो सार है
भौतिक सुखों के कांक्षियों को सिद्धियों का द्वार है
निष्काम सन्तों के लिए सदज्ञान का भण्डार है
इसका कथन, इसका श्रवण, करता महा उपकार है
भवसिन्धु तरने के लिए इसका मनन पतवार है
मंगलकरण कलिमलहरण, इसका सदैव प्रचार है
बहुमूल्य 'राधेश्याम' यह जग के लिए उपहार है
- बालकाण्ड से

SHREE DASHRATH JI KA RAJMAHAL (TEMPLE)

प्राचीन बड़ी जगह / राजा दशरथ का महल

बड़ी जगह, जिसे राजा दशरथ का महल कहते हैं, बिन्दु सम्प्रदाय का मूल स्थान है। यहाँ पर स्थापित श्री रघुनाथ जी 'धनुषधारी भगवान' के नाम से जाने जाते हैं। 'बिन्दु सम्प्रदाय' के लिए मान्यता है कि इसके प्रवर्तक महात्मा रामप्रसाद जी प्रतिदिन पूजन के पहले स्नान, ध्यान के बाद तिलक लगाकर श्रीरामजानकी की उपासना करते थे। एक दिन वे तिलक लगाना भूल गये और पूजन में रमे हुए थे कि जानकी जी ने उनके सूने ललाट को देखकर स्वयं उन्हें तिलकित किया। इसी के बाद से यह सूचना पूरे सन्त समाज में फैल गयी और श्रीजानकी जी से आशीष स्वरूप तिलक-बिन्दु किए जाने के कारण यह सम्प्रदाय प्रचलित हुआ। यह आख्यान भगवती प्रसाद सिंह की 'रामभक्ति में रसिक सम्प्रदाय' तथा अवधवासी लाला सीताराम बी.ए. की 'श्री अवध की झाँकी' से प्राप्त होता है।

रामप्रसाद जी बड़े विद्वान थे और उनके विषय में प्रसिद्ध है- **'बाल्मीकि तुलसी भये, तुलसी रामप्रसाद'**। इन्होंने ब्रह्मसूत्र पर एक सुन्दर भाष्य लिखा था, जो 'जानकी-भाष्य' के नाम से प्रसिद्ध है। इस परम्परा में करुणासिन्धु जी के शिष्य राममनोहर प्रसाद हुए, जिन्होंने बड़ा स्थान के लिए एक ट्रस्ट 'राममनोहर वक्फ़ ट्रस्ट' बनाया। श्रीराम कथा से सम्बन्धित सभी पर्व यहाँ बड़ी धूमधाम से सम्पन्न होते हैं और लोकविश्वास के अनुसार इसे राजा दशरथ के महल के रूप में भी आदर प्राप्त है। रामप्रसाद जी के भजन का इकतारा और उनके पैरों में पहने जाने वाला घुँघरू, आज भी उनके विग्रह में सुशोभित है।

महात्मा रामप्रसाद जी

श्री धनुषधारी रघुनाथ जी का दरबार

रामप्रसाद जी के भजन का इकतारा और पाँवों में घुँघरू:
नवधा भक्ति के अप्रतिम प्रतिमान

पौराणिक गुप्तहरि मंदिर में स्थापित प्रभु श्रीराम की चरण पादुका

श्री विष्णुहरि (चक्रहरि) की चतुर्भुज प्राचीन प्रतिमा

स्कन्द पुराण के 'अयोध्या माहात्म्य' के अनुसार यहाँ भगवान विष्णु ने गुप्त रूप से देवकार्य की सिद्धि के लिए तप किया, इसीलिए भगवान के उसी स्वरूप को 'गुप्तहरि' के रूप में जाना जाता है। गोप्रतार घाट, जिसे गुप्तार घाट भी कहते हैं, वहाँ दो मंजिला भवन में भूतल पर 'गुप्तहरि' (हरि-स्मृति) तथा प्रथम तल पर चतुर्भुज भगवान विष्णु का श्री विष्णुहरि (चक्रहरि) मन्दिर निर्मित है। हरि-स्मृति में श्रीराम के चरण चिन्ह बने हुए हैं। माना जाता है कि श्रीराम ने परधाम गमन से पूर्व सरयू में प्रवेश करते हुए अपनी पादुकाएँ यहाँ छोड़ी थीं, इसलिए यह मन्दिर 'चरण पादुका' मन्दिर भी कहलाता है।

विष्णुहरि (चक्रहरि) मन्दिर का गर्भगृह

गोप्रतार घाट पर एक भव्य मन्दिर 'ठाकुरद्वारा गुप्तार घाट' भी है, जिसका निर्माण अयोध्या के राजा दर्शन सिंह के पुत्र राजा रघुवर दयाल सिंह ने कराया था। यह मन्दिर अयोध्या राज परिवार के धार्मिक ट्रस्ट 'श्री प्रताप धर्म सेतु वक्फ़' द्वारा संरक्षित व संचालित है।

ठाकुरद्वारा गुप्तारघाट के श्रीराम, सीताजी एवं लक्ष्मण

तदनन्तर अपना स्मरण करने वाले भक्तों के हृदय में अपने उन चरणकमलों को स्थापित करके, जो दण्डक वन के काँटों से बिंध गये थे, श्रीराम अपने स्वयंप्रकाश परम ज्योतिर्मय धाम में चले गये।

सरयू तट पर बसा गोप्रतार घाट
और ठाकुरद्वारा मन्दिर

सरयू का नीला प्रशान्त जल श्रीराम
के परधाम गमन का साक्षी है

स्मरतां हृदि विन्यस्य विद्धं दण्डककण्टकैः
स्वपादपल्लवं राम आत्मज्योतिरगात् ततः

-श्रीमद्भागवत महापुराण

श्री चित्रगुप्त जी की प्राचीन प्रतिमा

पौराणिक श्री धर्महरि का गर्भगृह और मध्य में विराजमान विग्रह

सप्तहरियों में सम्मानित इस तीर्थ को स्वयं धर्मराज ने स्थापित किया था, इसलिए उनके द्वारा पूजित भगवान धर्महरि कहलाते हैं। भगवान धर्महरि का विग्रह श्रीराम की चतुर्भुज काली पत्थर की प्रतिमा के रूप में स्थापित हैं। कालांतर में इस स्थान को 'चित्रगुप्त मन्दिर' भी कहा जाने लगा। यम-द्वितीया के दिन यहाँ कायस्थों की सभा के साथ बड़ा महोत्सव सम्पन्न होता है। इसी दिन भगवान चित्रगुप्त को जो धर्म-अधर्म का लेखन करते हैं, दीपदान की परम्परा शुरू हुई। पौराणिक अयोध्या माहात्म्य में भगवान श्री धर्महरि की वार्षिक यात्रा और पूर्ण उत्सव के लिए आषाढ़ शुक्ल एकादशी की तिथि निर्धारित है। इसी तिथि पर यमस्थली (जमथरा) की यात्रा का प्रामाणिक उल्लेख भी मिलता है।

राम रंगि रंगले मन
आत्मरंगी रंगले मन
विश्वरंगि रंगले मन
चरणी नेत्र गुंतले
भृंग अंबुजातले
भवतरंग भंगले
अंतरंग दंगले मन
रामरंगि रंगले मन

मेरा मन राम के रंग में रंग गया है। आत्मा के रंग में रंग गया है तथा विश्व के रंग में रंग गया है। मेरे लिए आत्मा एवं विश्व दोनों ही राममय हैं। मेरे नेत्र श्रीराम चरण पर लुब्ध हैं, जैसे कमल पुष्प पर भ्रमर। इस एकरूपता के कारण भवसागर के तरंग भंग होकर मेरा अन्तःकरण प्रभु चरण में लीन हो गया है।

मराठी नाटक 'संगीत तुलसीदास' में प्रस्तुत गीत (1929)
नाटककार एवं संगीत निर्देशक : पं. गोविंदराव टेंबे

भीलड़ी शबरी रामनाम की रट लगाये है। पैर से ठुमके देते हुए रामनाम रटते हुए शबरी वन में घूमती रहती है। उसके पैरों में काँटे चुभने से रक्त बहने पर भी वह वन से वापस नहीं लौटती, बल्कि वहीं रमण करती है। खट्टे-मीठे बेर चखती है और श्रीराम के आने की बाट जोहती है।

गुजरात के भीलों का गीत: शबरी प्रसंग
जिला: डांग, दण्डकारण्य

राम रटण ए करती जाय
पगना ठमका देती जाय
एली भीलड़ी रे....

वन मां भमती बोरा वीणे....
काँटा वागे ने एने लोही झरे
तो ये ना वन थी पाछी वणे
एली भीलडी रे....वीणे....

खाटा-मीठा ए चाखी जुओ
राम आवे एनी वाट जुओ
एली भीलड़ी रे.....वीणे....

चन्द्रदेव द्वारा स्थापित पौराणिक चन्द्रहरि

बारह लिंगों का पौराणिक शिवमण्डल

अयोध्या के प्राचीन तीर्थों में से एक चन्द्रहरि, जिसे यहाँ के 'सप्तहरियों' (चन्द्रहरि, धर्महरि, विष्णुहरि, चक्रहरि, गुप्तहरि, पुण्यहरि, बिल्वहरि) में गिना जाता है। डच इतिहासकार हंस बेकर की 'अयोध्या' के अनुसार- यह तीर्थ अयोध्या में गहड़वाल राजा चन्द्रदेव के 1093 ई. में अयोध्या आगमन पर निर्मित हुआ। यह भी पौराणिक मान्यता है कि भगवान चन्द्रमा ने अयोध्या की यात्रा की थी और इसी स्थान पर भगवान श्रीराम (हरि) की प्रतिमा स्थापित की। इस मन्दिर में श्रीराम जी के अंक (गोद) में जानकी जी विराजमान हैं। वर्तमान के चन्द्रहरि मन्दिर में एक प्राचीन 'शिवमण्डल' स्थापित है, जिसमें एक ही योनिअर्घ में बारह शिवलिंग एक साथ स्थापित हैं। कारनेगी अपने इतिहास में कहते हैं कि इस मन्दिर का वर्तमान भवन गुलाब राय ने निर्मित किया था और अठारहवीं शताब्दी के उत्तरार्द्ध में इसका जीर्णोद्धार कश्मीरी पण्डित रामकाका ने करवाया। पौराणिकता कहती है कि इस मन्दिर में शिवमण्डल पर जल चढ़ाने से चन्द्रायण व्रत का फल प्राप्त होता है। 'चन्द्रसहस्रव्रत' (एक हजार चन्द्रमा दर्शन का व्रत) का उद्यापन (समाप्ति) इसी स्थान पर होता है। यह व्रत दीर्घायुष्य की कामना के लिए किया जाता है।

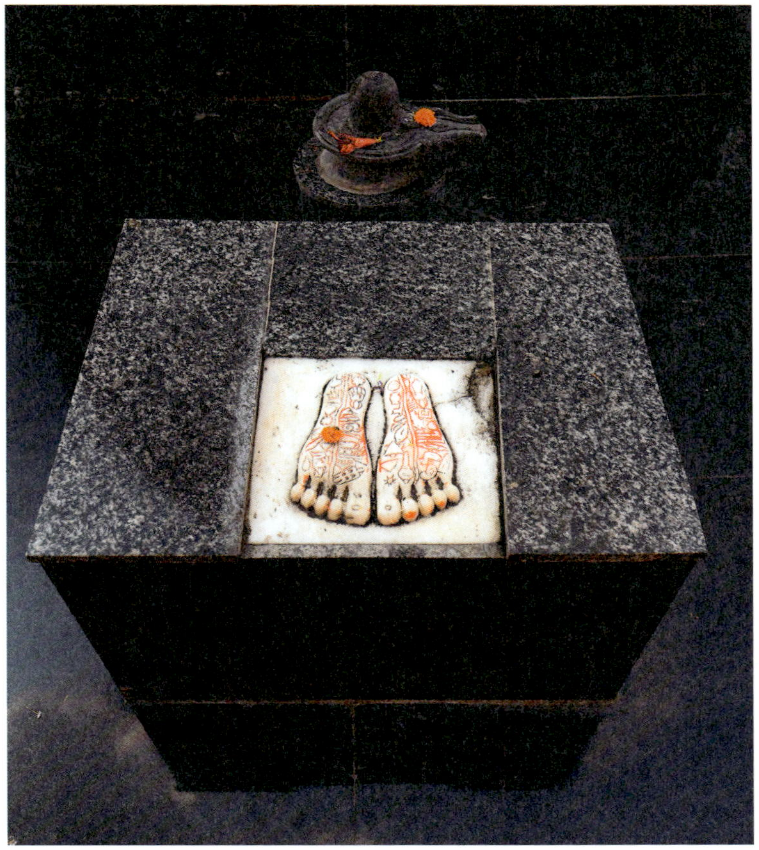

अयोध्या की चौरासी कोस परिक्रमा परिधि के भीतर स्थापित एक प्रमुख वैष्णव तीर्थ के रूप में प्रचलित 'बिल्वहरि तीर्थ' या 'बिल्वहरि घाट' की मान्यता रामकथा विषयक क्षेत्रों में आने वाले एक प्रमुख स्थान के रूप में रही है। ऐसा इसलिए है क्योंकि यही वह स्थान है, जहाँ राजा दशरथ की समाधि स्थापित है।

डच इतिहासकार हंस बेकर के अनुसार 'बिल्वहरि घाट ही वह तीर्थ है, जहाँ वाचिक परम्परा के अनुसार यह कहा जाता है कि इसी स्थान पर राजा दशरथ का अन्तिम संस्कार सम्पन्न हुआ था।' बेकर इसके प्रमाण में उस चित्रांकन का भी हवाला देते हैं, जिसमें राजा दशरथ और कौशल्या के साथ उनके चारों पुत्र राम, लक्ष्मण, भरत और शत्रुघ्न को एक प्रस्तर खण्ड पर उकेरा गया है। बिल्वहरि के वर्तमान मन्दिर में भगवान विष्णु की कोई प्रतिमा नहीं है, जबकि जो प्रतिमा स्थापित है, वह सम्भवतः राजा दशरथ की ही प्रतिमा जान पड़ती है। वैशाख मास की अमावस्या तिथि को यहाँ उत्सव मनाया जाता है।

अयोध्या माहात्म्य में वर्णित पौराणिक श्रीबिल्वहरि तीर्थ

'बड़ी छावनी' के नाम से प्रसिद्ध बाबा रघुनाथदास जी की छावनी का ऐतिहासिक महत्त्व है। सिद्धपीठ के रूप में विख्यात यह प्राचीनतम छावनी है, जिसके बाद ही तपस्वी जी की छावनी, मणिरामदास जी की छावनी, और तुलसीदास जी की छावनी बनी। तुलसीदास जी के रामचरितमानस की मनोहर कथा की यहाँ बड़ी परम्परा रही है। साधु-सेवा के रूप में प्रचलित इस स्थान की एक घोषित मर्यादा यह है कि यहाँ का पीठाधीश्वर आचार्य जीवन-पर्यन्त परिसर से बाहर नहीं जा सकता। उसके देह त्यागने के बाद ही वह इस छावनी से विदा होता है।

बाबा रघुनाथदास जी
जन्म- 1817 ई. | मृत्यु- 1882 ई.

लंका जो धाय गये
स्वामी को काज करन
सीता की खोज लयी
नगरी सब फूँक दयी

संजीवनी मूरी हेर
लाये परवत उपार
पवन सुत हनुमान
कीरति चहुँ दिसि भयी

- राग बिहागड़ा
द्रुत बन्दिश, एकताल

श्रीरामकथाविमर्श
एवं
विद्वत्समागम

श्रीमणिरामदास जी की छावनी के संस्थापक प्रसिद्ध आचार्य और सिद्धभक्त स्वामी श्रीमणिरामदास जी हैं, जो हनुमान जी के उपासक थे। यहाँ के श्रीरामजानकी दरबार को 'श्रीजानकीरमण भगवान' कहा जाता है। रामानन्दी वैष्णवों की दासानुदास भाव के अन्तर्गत उपासना की परम्परा का यह पीठ साधु-सेवा के लिए भी विख्यात रहा है। ऐसा कहा जाता है कि इसके संस्थापक आचार्य अपनी कृपा मात्र से ही जन-सामान्य को भगवत प्राप्ति कराने में सक्षम थे। उनके बारे में प्रसिद्ध है-

खेती करै औ हरि भजै, जथा सक्ति कछु देय
याहू पै हरि ना मिलै, तो मनीराम से लेय

वर्तमान में मणिरामदास जी की छावनी की विशेषता यह है कि श्रीमद्भागवत गीता के अठारहों अध्याय परिसर में चारों ओर तथा ताँबे के एक स्तम्भ पर उत्कीर्ण हैं। यहाँ पर पधारे श्रीहनुमानलला के विग्रह की बड़ी मान्यता है। हनुमान जी के सम्मुख वाल्मीकि रामायण का प्रतिदिन पारायण होता है। इसी विचार को आधार बनाते हुए वर्तमान पीठाधीश्वर महान्त श्री नृत्यगोपालदास जी ने छावनी के सामने श्रीवाल्मीकि रामायण के समस्त सर्गों को विशाल भवन में उत्कीर्ण कराते हुए उक्त भवन को वाल्मीकि जी के नाम पर ही अर्पित कर दिया। वर्तमान में इस भवन में वाल्मीकि जी की दिव्य प्रतिमा के साथ बालरूप में लव और कुश की प्रतिमाएँ स्थापित हैं। श्रीमणिरामदास जी की छावनी के परिक्रमा पथ में वैष्णव सन्तों के आचार-विचार हेतु मध्यकालीन भक्त सन्तों के उत्तम पद उत्कीर्ण हैं। मन्दिर परिसर में ही शेषशायी भगवान रंगनाथ जी की भव्य प्रतिमा स्थापित है।

श्री मणिरामदास जी

भगवान श्री रंगनाथ जी की मनोहारी प्रतिमा

वाल्मीकि भवन में उत्कीर्ण श्रीमद्भागवत की कथाएँ

श्री मणिरामदास जी की छावनी का गर्भगृह दर्शन

महर्षि वाल्मीकि के साथ लव और कुश

ताम्रपत्र जटित खम्भ पर
श्रीमद्भागवत गीता उत्कीर्ण है

विनयपत्रिका१११

न श्रादिनिसाचर संवेशामाये उत्तर मस्त क कांड हरिय
हिविधितुलसीदासमन श्रादि श्रंत लो देखि
सरामायन श्रीरामतन शुभमस्तुमं
गलंभूयात श्रीकाशीविश्व
नाथपुरिमें केदारघुभा
कर का पास्थानमें
महल्लेसुनार
पुरामेंगो
पाल
श्री
वेकेहाथवि
नयपत्रिकाका
पोथाछापायइश्री॥
वाकलम श्रयोध्यापांडे
वीछापनेवालिकानाम फकी
कारीगर॥ शामवत १९२३ मीती
कुश्रारसुदी ७ वार सोमार केसम॥
श्रीरामरामरामरामरामरामरामरामरा
मश्रीरामजीसहाय॥ श्रीमहावीरजीसहा
य॥ ॥ ॥ ॥ ॥ ॰राम

लक्ष्मण क़िला में संगृहीत धार्मिक और पौराणिक ग्रंथों की दुर्लभ पांडुलिपियों के कुछ पृष्ठों की बानगी। यह संग्रह इस बात का परिचायक है कि अयोध्या के संत समाज और मठ-मंदिरों की परम्परा में विद्वता और अध्ययन की परम्परा अन्तःसलिल रही है। इस स्थान के संस्थापक स्वामी युगलानन्यशरण महाराज रहे हैं, जो उच्च कोटि के विद्वान और पदावलीकार रहे, इसलिए यहाँ ऐसे ग्रंथों का संरक्षण और सृजन पिछले एक सौ पच्चीस सालों के कालखण्ड में होता रहा है।

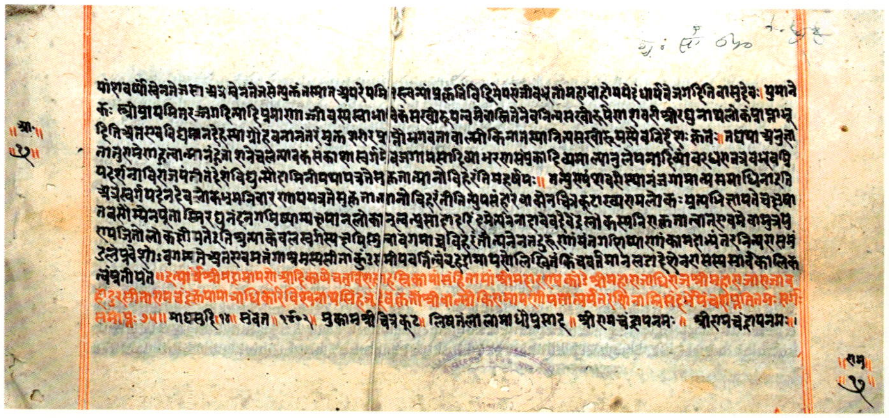

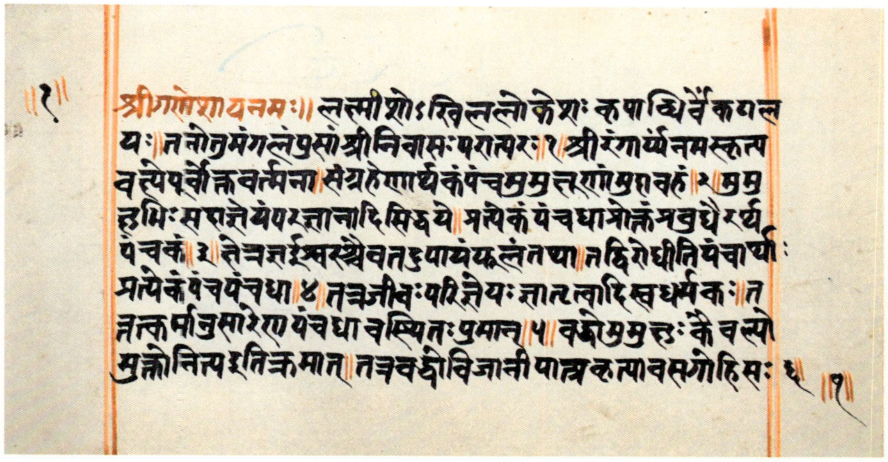

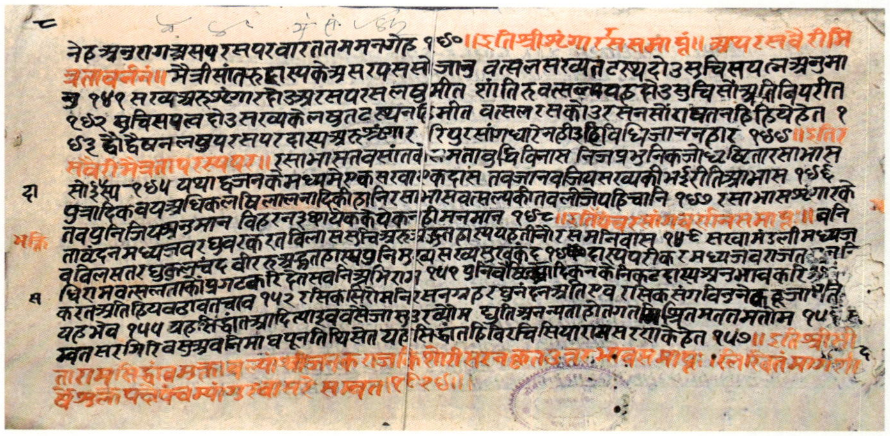

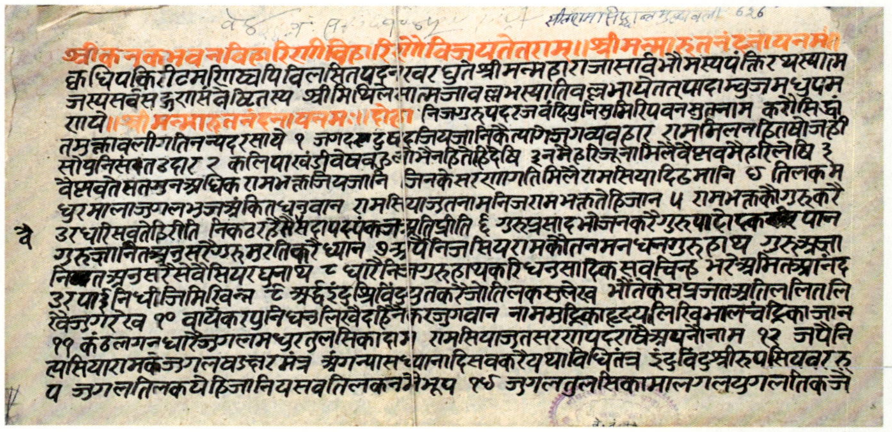

पौराणिक श्री यज्ञवेदी में श्री राम दरबार

स्वर्णखनि कुण्ड से दक्षिण दिशा में यज्ञवेदी नाम का तीर्थ है, जहाँ पर श्रीराम ने अनन्त यज्ञों को सम्पन्न किया था, ऐसी पौराणिक मान्यता है। यज्ञवेदी के समीप ही अग्निकुण्ड है, जो ब्रह्मा जी के द्वारा किये गये अश्वमेध यज्ञ का गार्ह्यपत्य-कुण्ड है। इस अर्थ में यज्ञवेदी का विस्तार अग्निकुण्ड तक माना जाता है। अयोध्या माहात्म्य में वर्णित है-

तस्याःदक्षिण दिग्भागे यज्ञवेदी प्रकीर्तिता
यत्र यज्ञो वभूवाथ रामस्य परमात्मनः

श्री वैष्णव सम्प्रदाय अर्थात रामानुज सम्प्रदाय के अयोध्या स्थित तीर्थों में यज्ञवेदी प्राचीनतम है। यहाँ भगवान व्यंकटेश और लक्ष्मीनारायण की उपासना के साथ वैदुष्य की परम्परा का निर्वाह होता है।

महान्त श्री रामशरणदास जी महाराज द्वारा स्थापित रामानंदीय परंपरा का प्राचीन भक्तमाल मंदिर, जो अपने स्थापत्य और कलात्मकता के लिए प्रसिद्ध है। श्रीराम उपासना के समस्त पर्व यहाँ पारम्परिक ढंग से सम्पादित होते हैं, जिनमें श्रीरामनवमी और श्रावण झूला महोत्सव की प्राचीन परम्परा आज भी कायम है।

मंदिर के जगमोहन की दीवारों पर रामायण के प्रसंगों की अनूठी चित्रकारी (लगभग डेढ़ सौ वर्ष पुराना अलंकरण)

अयोध्या में स्मार्त वैष्णवों की गृहस्थ परम्परा का प्रमुख पीठ है - तिवारी मंदिर। पण्डित उमापति त्रिपाठी 'कोविद' जी की परम्परा में यहाँ प्रभु राम और जानकी का स्वरूप 'गुरु सदन बिहारी भगवान' के रूप में प्रतिष्ठित है। यहाँ श्रीराम की भक्ति 'शिष्य-भाव' से सम्पन्न होती है, क्योंकि पण्डित उमापति त्रिपाठी जी स्वयं को वशिष्ठ का अवतार मानते थे। ऐसी कथाएँ भी प्रचलित हैं कि प्रतिदिन वे अपने गले में पहनायी गयी फूलों की माला को गुरु-भाव से उतारकर अपने शिष्य प्रभु श्रीराम के गले में आशीर्वाद स्वरूप श्री कनकबिहारी सरकार को पहनाते थे। इन्हें 'अभिनव वशिष्ठ' की उपाधि हासिल थी। उनकी ऐसी कथाएँ गीता प्रेस की आध्यात्मिक पत्रिका कल्याण के 'भक्त-चरितांक' में वर्णित हैं। इस पीठ की सबसे बड़ी मान्यता यह है कि पण्डित उमापति जी द्वारा प्रणीत मंगलाचरण का पद 'कौशल कुशलो कोसला' अयोध्या के हर एक मन्दिर में भजन गायन अथवा कथा भागवत में अनिवार्य रूप से प्रयुक्त होता है। ऐसा माना जाता है कि उन्होंने चौंसठ ग्रन्थ लिखे थे, जिनमें 'सरयू अष्टक' सबसे प्रमुख है। यह परम्परा सम्प्रदाय मुक्त है, अतः यहाँ श्री वैष्णव या रामानन्दियों की परम्परा का अक्षरशः पालन नहीं होता, यद्यपि मंत्र-दीक्षा रामानन्दियों के अनुसार ही दी जाती है।

गुरु सदन बिहारी भगवान का दर्शन

वन्दामहे महेशानचण्डकोदण्डखण्डनम्
जानकीहृदयानन्दवर्धनं रघुनन्दनम्
-रामस्तवराज

महेश्वर के प्रचण्ड कोदण्ड (धनुष) का खण्डन तथा श्रीजनकनन्दिनी के हार्दिक आनन्द का संवर्धन करने वाले श्रीरघुनन्दन जी की मैं वन्दना करता हूँ।

पण्डित उमापति त्रिपाठी 'कोविद'
(जन्म 1794 ई. - निधन 1873 ई.)

कुशल कोशल कोशल कोशला
कुशल पालक बालक लालिका
कमल कैरवपालि कुलालिका

सदयितो दयितो जगतामसौ
सुदयितो दयितोपि समैस्सदा
विजयते जयतेश्वर वन्दना
समुदितो मुदितो रघुनन्दनः

- पण्डित उमापति त्रिपाठी 'कोविद'

तिवारी मंदिर का शिखर

राजाधिराज भाव में प्रभु श्रीराम और उनका दरबार, रत्नसिंहासन

श्रीराम की उपासना के सबसे प्राचीन स्थानों में से एक, जिसे रत्नसिंहासन, रत्नमण्डप या राजगद्दी भी कहा जाता है। पौराणिक मान्यता है कि इसी स्थान पर राम का राज्याभिषेक हुआ था, इसलिए श्रीराम यहाँ राजोचित उपचार में राजकुल की मर्यादा के साथ उपस्थित हैं, जिनके हाथ में धनुष-बाण सुशोभित है। सीता जी भी यहाँ राजरानी के रूप में उपस्थित हैं और यहाँ की पूजा रामानन्दीय परम्परा में सम्पन्न होती है। रीवां नरेश महाराज रघुराज सिंह जूदेव ने इस मन्दिर का पुनरुद्धार कराया था और इसकी सेवा-पूजा के लिए व्यवस्था सुनिश्चित की थी। यह स्थल वस्तुतः लंका विजय के उपरान्त श्रीराम के राज्याभिषिक्त होने का पुण्य स्मृति स्थल है।

अयोध्या नगरे रम्ये रत्नमण्डपमध्यगे
ध्यायेत्कल्पतरोर्मूले रत्नसिहासनं शुभम्

रामानुज सम्प्रदाय की परम्परा का एक प्रमुख स्थान, जिसकी स्थापना स्वामी मधुसूदनाचार्य जी महाराज ने की थी। ऐसी मान्यता है कि इस मन्दिर के निर्माण के दौरान भूमि से सोने की अशर्फ़ियाँ प्राप्त हुई थीं, इसलिए इस भवन का नाम 'अशर्फ़ी भवन' रखा गया। आज भी लक्ष्मीनारायण भगवान के गले में आभूषण के रूप में अशर्फ़ी धारण कराई जाती है।

दुःखसंवेदनायैव रामे चैतन्यमाहितम्

राम को चैतन्य मिला ही इसलिए कि वे दुःख का पूरी तरह अनुभव करें।

प्राचीन रसिक पीठ सदगुरु सदन का गर्भगृह

सदगुरु सदन

अयोध्या में सरयू नदी के तट पर प्राचीन पापमोचन घाट पर रसिकोपासना के एक प्रमुख पीठ के रूप में स्थित- सदगुरु सदन। इस परम्परा में 'नाम', 'रूप', 'लीला' और 'धाम' के अन्तर्गत उपासना होती है। यह उल्लेखनीय है कि यहाँ ठाकुर जी को परमपुरुष मानकर स्वयं को स्त्री रूप में रखते हुए उनसे भक्त और भगवान का सम्बन्ध 'प्रिया' और 'प्रियतम' का माना जाता है। इस स्थान में स्वामी जानकीवरशरण जी के चित्रपट की सेवा भावपूर्ण ढंग से होती है। सखी भाव के कारण जानकीवरशरण जी का उपनाम 'प्रीतिलता' भी है। उन्हीं के शिष्य रामवल्लभाशरण 'युगलविहारिणी' जी ने यह मन्दिर बनवाया था। यह अयोध्या का अकेला ऐसा स्थान है, जहाँ श्रावण मास में सबसे लम्बे समय तक झूलनोत्सव कार्यक्रम चलता है। समस्त प्राय मन्दिरों में श्रावणी पूर्णिमा को झूलनोत्सव का विश्राम हो जाता है, जबकि सदगुरु सदन में भाद्रपद कृष्ण तृतीया की रात्रि से प्रारम्भ होकर चतुर्थी के ब्रह्ममुहूर्त में झूला महोत्सव के समापन का आयोजन विशेष समारोहपूर्वक भगवान और भक्तों के बीच संवाद के माध्यम से सम्पन्न होता है। उस दिन सदगुरु सदन में राम और जानकी के युगल स्वरूपों के कई जोड़े आकर आकाशवाणी करते हैं, जिसके तहत एक ऊँचे छज्जे पर यह स्वरूप खड़े होकर अयोध्या के सन्त समाज और नागरिकों पर आशीर्वाद की वर्षा करते हैं। इसी के उपरान्त पंचमी तिथि के दिन जानकीबाग में यह महोत्सव समाप्त होता है।

सदगुरु सदन में श्रीराम सीता की अनुपम छवि का प्राचीन भित्ति-अलंकरण

गोलाघाट पर स्थित इस प्राचीन मन्दिर का एक नाम रासकुंज मन्दिर भी है, जो रसिक भावना के प्रतिष्ठित स्थानों में गिना जाता है। माताजी श्रीरामसखी 'सिद्धलता' द्वारा स्थापित इस मन्दिर में सखी भावना के तहत अष्टयाम सेवा पद्धति से उपासना की परम्परा है। इस परम्परा में यह उल्लेखनीय है कि प्रभु श्रीराम के अलावा पुरुष भाव से कोई भी मन्दिर में प्रवेश का अधिकारी नहीं माना जाता। इसी कारण लक्ष्मण जी, भरतलाल और हनुमान जी भी यहाँ सखी भाव में राम के समीप विराजते हैं। लक्ष्मण जी यहाँ 'लक्ष्मणा', भरत जी 'चन्द्रकला' और हनुमान जी 'चारुशिला' के रूप में प्रतिष्ठित हैं। रामसखी जी के गुरु सियालालशरण जी 'प्रेमलता' उच्चकोटि के सन्त साधक थे, जिनके लिखे पद ही यहाँ परम्परा में अधिक गाये जाते हैं। श्रीरामनाम संकीर्तन यहाँ की विशिष्टता है, अर्थात आठों प्रहर यहाँ श्रीरामनाम का जप चलता है। गुरुपूर्णिमा के दिन गुरुआर्चन की भी प्राचीन परम्परा यहाँ निभाई जाती है। होली के अवसर पर रूपसखी जी की होली गायी जाती है। श्रावण शुक्ल तृतीया से पूर्णिमा तक यहाँ झूला महोत्सव होता है। रामविवाह के अवसर पर, विवाह महोत्सव में भव्य बारात निकलती है, जिसमें तीन तरह के रथ होते हैं- मन्दिर बिहारी का रथ, स्वरूप सरकार का रथ और सन्तों का रथ। विवाह में मटकोर के पद गाये जाते हैं और सखी भाव से ही यहाँ के सारे पर्व सम्पन्न होते हैं। प्रतिदिन यहाँ घूँघट वाली आरती सम्पन्न होती है।

प्रभु श्रीराम का पालना

श्रीरामसखी जी

रंग रसिया खेलत होरी
एक ओर राजकुँवर रघुनन्दन एक ओर जनक किशोरी
सरजूसखी यह छैल अनोखो मेरी चूनर रंग में बोरी

श्रीरामसखी जी मन्दिर का दरबार

अयोध्या के राजा दर्शन सिंह द्वारा उनके महल राजसदन परिसर में स्थापित श्री दर्शनेश्वरनाथ महादेव। शिव आराधना का यह प्राचीन विशाल शिवाला अपने स्थापत्य में अनूठा है। मन्दिर के भीतर जगमोहन तथा बाहरी दीवारों पर स्थापित मंगलगान करते हुए गन्धर्वों, किन्नर, किन्नरियों की कलात्मक मूर्तियाँ दक्षिण भारत के शिवालयों की परिपाटी में निर्मित हैं। मन्दिर में पार्वती जी, गुलाब गौरी के रूप में तथा गणेश जी विनायक के रूप में स्थापित हैं। शिव जी के वाहन नन्दी की विशाल प्रतिमा अयोध्या के समस्त देवालयों में सबसे बड़ी है। यहाँ के विशेष पर्व में विजयादशमी और शिवरात्रि का माहात्म्य है। सहस्र रुद्री पाठ तथा दाक्षिणात्य विधि से शिवार्चन की मान्यता के लिए इस देवालय की विशेष प्रसिद्धि है। अंग्रेजों द्वारा निर्मित अयोध्या के अभिलेखीकरण के अवध गजेटियर समेत गीता प्रेस से प्रकाशित होने वाले कल्याण के 'शिवांक' और लाला सीताराम बी.ए. की 'अयोध्या का इतिहास' में इन महादेव की चर्चा हुई है।

जगमोहन

विशाल नन्दी

कलात्मक सज्जा की बानगी

श्री दर्शनेश्वरनाथ महादेव

जहँ-जहँ चरण पड़े रघुवर के

श्रीराम वन-गमन के यात्रा स्थल

अयोध्या परिक्षेत्र में राम वन-गमन के चार विश्राम स्थल पड़ते हैं, जिन्हें तीर्थ की महत्ता हासिल है। इसमें पहला: तमसा नदी के तट पर गौरा घाट, गौरा गयासपुर, दूसरा: पुरवा चकिया, तीसरा: तारडीह का श्रीराम मन्दिर और चौथा तीर्थ: रामपुर भगन का सूर्यकुण्ड है।

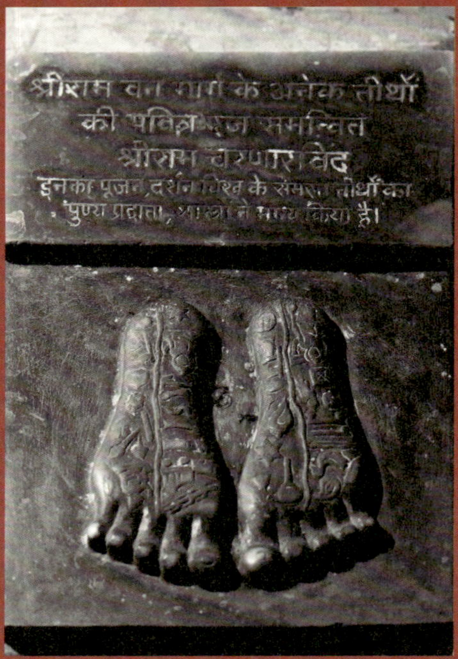

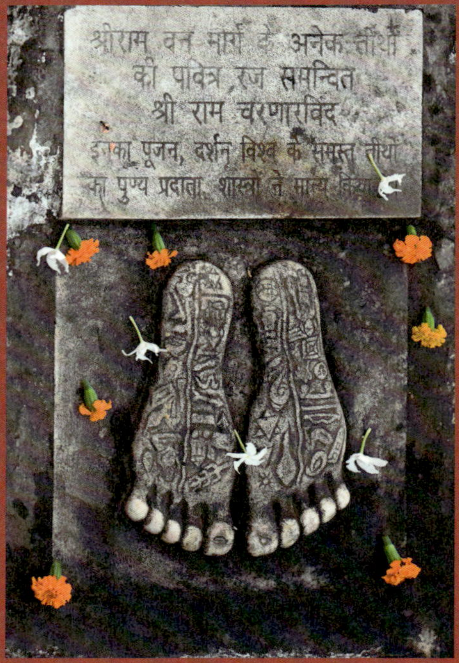

श्रीराम वन गमन के इन चारों स्थलों पर, जो अयोध्या की चौरासी कोसी परिक्रमा परिधि के भीतर पड़ते हैं, श्रीरामावतार शर्मा के 'श्रीरामसांस्कृतिक शोध संस्थान न्यास, नयी दिल्ली' द्वारा श्रीराम के चरणचिन्ह स्थापित करवाए गए हैं, जिन पर समस्त मंगलचिन्ह उकेरे हैं।

राम कै भीजे मुकुटवा लखन सिर पटुकवा हो राम
मोरी सीता के भीजै सेनुरवा लवटि घर आवइँ हो राम
भीजै त भीजै मुकुटवा पटुकवा न भीजइ हो
भीजै त भीजै पटुकवा सेनुरवा न भीजइ हो
अहै, सेनुरवा के साथ सिया घर लवटइँ हो

अवध क्षेत्र में प्रचलित श्रीराम, जानकी जी तथा लक्ष्मण जी के वन गमन का मार्मिक लोकगीत, जिसमें माता कौशल्या उनके कुशलक्षेम के लिए व्यथित होकर विलाप करती हैं।

श्रीराम वन गमन मार्ग के चौथे तीर्थ के रूप में रामपुर भगन का सूर्यकुण्ड मन्दिर है। इस स्थल पर जो विशाल कुण्ड पूर्व-पश्चिमाभिमुख है, उसे ही सूर्यकुण्ड की मान्यता प्राप्त है। इस मन्दिर की अनूठी बात यह है कि भगवान सूर्यदेव के सम्मुख द्वारपाल के रूप में हनुमान जी की प्रतिमा विराजमान है।

गौराघाट, गयासपुर पर तमसा नदी का तट

रघुवर संग जाब हम न अवधपुर रहबै
जौ रघुवर फल फूल खइहैं
फोकली बीन खाब हम ना अवध मा रहबै
जौ रघुबर पात बिछैहै
भुइयाँ सोय जाब हम न अवध मा रहबै

वनगमन का मार्मिक गीत जिसमें सीता जी, अपने पति श्री रघुवर जी के साथ वनवास में संग जाने का निर्णय लेती हैं। अवध में ये गीत मेला गीत के रूप में प्रचलित है।

तमसा नदी के तट पर श्रीराम वन गमन मार्ग का तीसरा तीर्थ तारडीह का श्रीराम मन्दिर पड़ता है, जो गौरा घाट से दशरथपुर मार्ग पर तमसा नदी के दाहिनी छोर पर स्थित है। कुछ वर्ष पूर्व भग्नावशेष के रूप में उपस्थित इस मन्दिर का द्वार बचा था, जिस पर दो विशाल शेरों के जोड़े बने हैं और बाहरी प्रवेश द्वार पर सुन्दर ढंग से विष्णु की लेटी हुई प्रतिमा अंकित है। दुर्भाग्य से अब यह भी जलवृष्टि और नदी के कटान के कारण ध्वस्त हो चुका है। सन्दर्भ के लिए इस मन्दिर भग्नावशेष के छायाचित्र संलग्न हैं।

श्रीरामजानकी मन्दिर, फतेहगंज

पुराने समय में यह मुक्तन माई का प्राचीन मन्दिर था, जो बाद में 'श्रीराम जानकी मन्दिर' फतेहगंज कहलाया। यहाँ पर मौजूद बाज़ारवालों ने मिलकर सामूहिक चन्दे से पुराना राम-जानकी मन्दिर बनवाया था, जिसकी व्याप्ति दो सौ वर्ष से अधिक पुरानी मानी जाती है। हालाँकि सन् 1945 के दौरान यह मन्दिर 'गल्ला व्यापार मण्डल', फतेहगंज के संरक्षण में आ गया। तभी से यह मन्दिर पूरी तरह गल्ला के आढ़तियों द्वारा संचालित होता है। इस मन्दिर में मुक्ता माई की प्राचीन प्रतिमा स्थापित है, जिसे चौक और बजाजा के अग्रवाल परिवारों की कुल देवी के रूप में मान्यता प्राप्त है। कहा जाता है कि यह प्रतिमा लगभग पाँच सौ वर्ष प्राचीन है, जो पहले गहरे कुण्ड में स्थापित थी और लोग इसमें जल चढ़ाते थे। मन्दिर के नये गर्भगृह में प्राचीन राम-जानकी, हनुमन्त-लला तथा अष्टभुजी देवी की प्रतिमाएँ स्थापित हैं, जिनकी स्थापना का वर्ष सन् 1974 है। पहले इस मन्दिर में राम-जानकी की प्रस्तर प्रतिमा थी, जिसके खण्डित हो जाने पर यह प्रतिमाएँ स्थापित की गयीं।

मन्दिर के निर्माण के दौरान ही राधा-कृष्ण की अष्टधातु की प्रतिमा भी स्थापित हुई थी, जो उस समय स्थापित किये जाने वाली राम-जानकी की पाषाण प्रतिमा से भी पुरानी है। इसी समय लड्डू गोपाल जी की भी दो प्रतिमाएँ स्थापित हुईं। इसी के काफ़ी समय बाद हनुमान जी की लाल पाषाण की मूर्ति भी सन् 1960 के आस-पास स्थापित हुई, जिस पर सिन्दूर पुता है। हनुमान जी की एक छोटी प्रतिमा के सामने ही गरुण जी भी स्थापित हैं। शारदीय नवरात्र में रामलीला के बाद और दीपावली के आस-पास यहाँ लगभग हफ़्ते-भर नाटकों का मंचन होता था, जिसमें राधेश्याम कथावाचक के लिखे हुए नाटक मंचित किये जाते थे। यह सब सन् 1976 तक हुआ, जिसके बाद नाटकों की परम्परा मन्दिर से बन्द हो गयी। इस मन्दिर के प्रमुख उत्सवों में सर्वाधिक प्रतिष्ठित जन्माष्टमी का पर्व माना जाता था, बाद में रामनवमी भी मनायी जाने लगी। आजकल जन्माष्टमी और रामनवमी के अलावा बसन्त पंचमी, शिवरात्रि, दोनों नवरात्र महोत्सव, हनुमान जयन्ती, दीपावली और अन्नकूट भी मनाया जाता है।

यस्यामलं नृपसदस्सु यशोऽधुनापि
गायन्त्यघघ्नमृषयो दिगिभेन्द्रपट्टम्।
तं नाकपालवसुपालकिरीटजुष्ट-
पादाम्बुजं रघुपतिं शरणं प्रपद्ये।।

–श्रीमद्भागवत महापुराण

भगवान् श्रीराम का निर्मल यश समस्त पापों को नष्ट कर देने वाला है। वह इतना फैल गया है कि दिग्गजों का श्यामल शरीर भी उसकी उज्ज्वलता से चमक उठता है। आज भी बड़े-बड़े ऋषि-महर्षि राजाओं की सभा में उसका गान करते रहते हैं। मैं उन्हीं रघुवंश शिरोमणि भगवान श्रीरामचन्द्र की शरण ग्रहण करता हूँ।

अयोध्या के चौदह कोसी परिक्रमा परिधि के भीतर पड़ने वाले साहबगंज मुहल्ले में रामजानकी मन्दिर स्थित है। यह मुहल्ला कभी गल्ला की आढ़त (अनाज की थोक मण्डी) हुआ करता था। यह उस समय की बात है, जब सरयू नदी पर पुल नहीं बना था और व्यापार नावों के जरिये होता था। स्थानीय लोग अपने पूर्वजों से प्राप्त जानकारी के आधार पर बताते हैं कि यह आढ़त वर्ष 1934 तक यहाँ रही। आढ़त के कारण ही यह इलाका गुप्ता, कसौंधन व मारवाड़ी बिरादरी के साथ बहीखाता बनाने वाले साहू परिवारों से आबाद था। कालान्तर में इनमें से अधिकांश परिवार व्यापार हटने से स्थानान्तरित होकर अन्यत्र चले गये। इन्हीं व्यापारियों ने यहाँ आपसी सहयोग से रामजानकी मन्दिर की स्थापना की थी। इसी मन्दिर से शहर की पहली रामलीला भी शुरु की गयी थी। इस मन्दिर के मुख्य गर्भगृह में संगमरमर की श्रीराम जानकी की सुन्दर प्रतिमा स्थापित है। इनके साथ ही अष्टाधातु की सात-आठ इंच लम्बी राधा-कृष्ण की प्रतिमा भी यहाँ लड्डूगोपाल के साथ रखी हुई है। गर्भगृह के बाहर दाहिनी ओर गरुड़ देव व बायीं ओर हनुमान जी की छोटी प्रतिमा संगमरमर से बनी स्थापित है। मन्दिर के जगमोहन में रामलीला में प्रयुक्त होने वाले लकड़ी से बने विशाल हनुमान जी रखे हुए हैं। जगमोहन की दीवारों के ऊपरी हिस्से में दाहिनी ओर बालक रूप में राम, हनुमान जी व तुलसीदास जी का और बायीं ओर शंकर जी, दुर्गा जी व गणेश जी का चित्रांकन किया गया है।

मन्दिर का बायाँ हिस्सा रामलीला मैदान में खुलता है, इसे अब 'रामलीला गली' कहा जाता है। इस मन्दिर की रामलीला से जुड़े पत्रक में 146वाँ वर्ष अंकित है। इस आधार पर मन्दिर की प्राचीनता एक सौ पचास वर्ष से अधिक जान पड़ती है। इतने ही वर्षों से यहाँ रामलीला संचालित हो रही है। राजगद्दी की बारात, जो नगर भर में भ्रमण करती है, इस मन्दिर की परम्परा का विशेष आकर्षण है। यहाँ रामनवमी, जन्माष्टमी, दीपावली व अन्नकूट का पर्व विशेष रूप से मनाया जाता है।

रामकोट में स्थित रामलला सदन, रंगमहल के सन्निकट अयोध्या में वह पवित्र स्थल है, जिस स्थान पर गुरु वशिष्ठ ने चारो भाईयों का नामकरण संस्कार किया था-

'वशिष्ठप परम्प्रीतो नामानि कुरुते तदा।'

इस स्थान पर वर्तमान में द्रविड़ शैली का एक भव्य मन्दिर निर्मित है। यहाँ पर रामानुज सम्प्रदाय के अन्तर्गत उपासना सम्पादित होती है।

खोलैं गरग मुनि पोथिया त नाव धरावैं हो राजा! राम और लछिमन की जोड़ी जगत जस पइहैं हो राजा! भरत सत्रुघ्न दोनों भाई त भगत कहइहैं हो

- श्रीराम और चारों भाईयों के नामकरण संस्कार का अवधी लोकगीत

श्रीरूपकला कुंज

नयाघाट, अयोध्या पर स्थित रामरसिक भक्ति परम्परा और सखी भावना के अन्यतम उदाहरणों में से एक - श्रीरूपकला कुंज। रामानन्दी सखी सम्प्रदाय के महान्त सीतारामशरण भगवानप्रसाद 'रूपकला' ने इसकी स्थापना की थी। सिर ढँककर घूँघट वाली आरती, श्रीराम को दूल्हा मानकर दामाद के रूप में उनकी अर्चा का विधान और प्रतिदिन भोग के समय गाली गायन की परम्परा यहाँ के ख़ास आकर्षण हैं। राम विवाह के दौरान कथा और रास दोनों सम्पादित होते हैं। यहाँ पर निभाए जाने वाले पर्वों पर महान्त जी समेत समस्त शिष्य सखी बनते हैं और स्त्री रूप में ही कीर्तन गायन और नृत्य की परम्परा निभती है। रामचरितमानस का नित्य पाठ होता है और सावन के झूलनोत्सव में शास्त्रीय संगीत के समारोह आयोजित किए जाते हैं।

पौढ़े सुख सेज सीताराम
आनन्द कन्द अयोध्या नायक, जानकी भुजबाम
कौशल्या सुत सेज पौढ़े नवल सुन्दर श्याम
'रूपकला' जू लिये हैं ठाढ़ी कनक डिब्बा भरि पान
- रूपकला

दिव्यकला कुँज में विराजमान श्रीराम जानकी तथा लक्ष्मण जी के विग्रह

नरमुंडों के पर्वत पर विराजमान काली की कई सौ वर्ष प्राचीन प्रतिमा

नयाघाट, अयोध्या पर स्थित रामरसिक भक्ति परम्परा और सखी भावना के अन्यतम उदाहरणों में दिव्यकला कुंज की गणना होती है। सिर ढँककर घूँघट वाली आरती, श्रीराम को दूल्हा मानकर दामाद के रूप में उनकी अर्चा का विधान और प्रतिदिन भोग के समय गाली गायन की परम्परा यहाँ के ख़ास आकर्षण हैं। राम विवाह के दौरान कथा और रास दोनों सम्पादित होते हैं। यहाँ पर निभाए जाने वाले पर्वों पर महान्त जी समेत समस्त शिष्य सखी बनते हैं और स्त्री रूप में ही कीर्तन गायन और नृत्य की परम्परा निभती है। रामचरितमानस का नित्य पाठ होता है और सावन के झूलनोत्सव में शास्त्रीय संगीत के समारोह आयोजित किए जाते हैं। इस मन्दिर में एक प्राचीन काले पत्थर की देवी की तांत्रिक प्रतिमा भी स्थापित है, जो नरमुण्डों के विशाल पहाड़ पर बैठी हैं। यह प्रतिमा तांत्रिक काली पूजा के प्राचीनतम उदाहरणों में से एक है और अयोध्या में ऐसा दूसरा स्थापत्य देखने को नहीं मिलता।

सुन्दर सदन के श्रीकृष्ण राधा तथा श्रीराम जी का दरबार

रामकोट स्थित सुन्दर सदन मंदिर। इस मंदिर में श्रीराम जानकी जी की आराधना के साथ श्रीकृष्ण राधा जी की भी अर्चना होती है। अयोध्या के प्राचीन मंदिरों में से एक, जहाँ वैष्णव मत के सभी उत्सव संपादित किये जाते हैं।

काँच और दर्पण सुसज्जित गर्भगृह वाला दिव्य शीशमहल, जिसकी स्थापना सन् 1975 में मानस मधुकर श्री जगदेवदास जी रामायणी ने करायी थी। इस मन्दिर की विशेषता यह है कि भगवान श्रीराम-सीता के विग्रह काँच से प्रतिबिम्बित होकर चारों दिशाओं में दिखाई देते हैं।

रामकोट में स्थित श्री शीशमहल की स्थापना महान्त महादेवदास शास्त्री जी ने करायी थी। विभिन्न रंगों के काँच से निर्मित भगवान का सिंहासन अपने में अनूठा है। इस मन्दिर में भी श्रीराम जानकी के स्वरूप काँच और दर्पण में प्रतिबिम्बित होकर चारों तरफ अत्यन्त सजीव भाव से दिखाई देते हैं।

बड़ी देवकाली के राम मंदिर के खंभों पर उकेरी गयीं रामायण तथा भागवत कथाओं की उत्कृष्ट स्थापत्य अभिव्यक्तियाँ

श्री शीतला देवी (बड़ी देवकाली के नाम से प्रसिद्ध)मन्दिर परिसर में उपस्थित प्राचीन 'श्रीराम मन्दिर' अपने अनुपम स्थापत्य के लिए बेजोड़ माना जाता है। इसका निर्माण काशी नरेश ने लगभग तीन सौ वर्ष पूर्व करवाया था, ऐसी मान्यता है। इस मन्दिर में तीन झाकियाँ मनोहारी हैं, जिसमें बालरूप में श्रीरामचन्द्र और उनके सामने बैठी हुई कौशल्या माँ, सरयू माँ की प्रतिमा और उनके दोनों ओर अष्टसखियाँ, झूले पर बालक श्रीराम अर्धनिद्रा अवस्था में राजसी पोशाक पहने हुए सुशोभित हैं। श्रीराम की प्रतिमाएँ कसौटी पत्थर की हैं, जबकि सरयू माँ और कौशल्या जी की प्रतिमाएँ दूधिया संगमरमर की हैं। इस मन्दिर के गर्भगृह में रामकथा विषयक ढेरों प्रसंगों का मूर्तिमान अंकन स्थापत्य के अप्रतिम उदाहरण हैं। इनमें मुख्य रूप से- श्रीराम का प्राकट्योत्सव, बन्दीजनों द्वारा मंगल-वादन, सखियों, चेरियों द्वारा मंगल-गान और वीणा-वादन, माँ कौशल्या का बालक राम को पालने में झुलाना तथा भगवान विष्णु का चतुर्भुज दिव्य स्वरूप.... मूर्तिकला और स्थापत्य के बेजोड़ नमूने के रूप में यह राम मन्दिर अयोध्या में मूर्तिकला के लिए विख्यात रहा है।

मणिपर्वत के निकट महाविद्या तीर्थ (विद्याकुण्ड) के नैऋत्य दिशा में स्थापित श्री विद्या देवी या सरस्वती जी का मन्दिर प्राचीन देवी स्थलों में मान्य है। कहा जाता है कि भगवान श्रीराम का विद्यारम्भ यहीं हुआ था। रुद्रयामलीय अयोध्या माहात्म्य में वर्णित है कि भगवान शिव ने पार्वती जी को इसी विद्या देवी तीर्थ पर अष्टाक्षर महाविद्या मंत्र का उपदेश किया था। अतः मान्यता है कि इस स्थान पर किसी भी मंत्र का जप अनुष्ठान किया जाए, तो उसकी सिद्धि प्राप्ति होती है। इसी स्थान पर पुष्यमित्र ने अपनी विजय की स्मृति में विद्यादेवी की स्थापना की थी। वहाँ पर प्राप्त शिलालेख की पंक्ति से इस बात की पुष्टि होती है- 'स्थापित पुष्यमित्रेण विजयादेय मन्दिरम्'। आश्विन शुक्ल नवरात्रि की अष्टमी तिथि को यहाँ वार्षिक यात्रा का प्राविधान है। वैसे प्रत्येक मास की अष्टमी को यहाँ की दर्शन, यात्रा की परम्परा मानी जाती है।

विद्या देवी की अति प्राचीन प्रतिमा

नमः पन्नग नद्धाय वैकुण्ठ वशवर्तिने
श्रुतिसिन्धु सुधोत्पाद मन्दराय गरुत्मते।
- वेदान्त देशिक विरचित गरुड़ दण्डकम्

नारायण के वशवर्ती, (कर्म और ज्ञान रूपी) दिव्य पंखों से विभूषित, वेद रूपी समुद्र को मथकर अमृत प्रकट करने के लिए मंदराचल रूपी गरुड़ को नमस्कार है।

◆◆◆

भगवान की दैनिक अष्टयाम उपासना के लिए मन्दिर में प्रयुक्त होने वाले पात्रों को 'पार्षद' कहा जाता है। आगमिक मान्यता के अनुसार ये पात्र बैकुण्ठ में भगवान के साथ विराजने वाले मुक्त आत्मा हैं, जो अर्चावतार में भगवान की आराधना के लिए पात्रों के रूप में अवतरित होते हैं। पौराणिक मान्यता है कि भगवान के पाँच स्वरूप हैं- पर, विभव, व्यूह, अन्तर्यामी और अर्चा। भक्तजन भगवान के पाँचवें स्वरूप अर्चावतार की उपासना करता है, जो मन्दिरों में विग्रह के रूप में प्रतिष्ठित होते हैं। पार्षद का मन्दिरों में विशेष सम्मान होता है और भगवान के सेवक के रूप में इनका पूजन किया जाता है। इनका उपयोग भगवान की सेवा के अन्यत्र कहीं और नहीं होता। इनमें प्रमुख हैं- गरुड़ घण्टी, शंख, आरती पात्र, पतित पावन, गंगाजली/जलझारी या गोमुखी और पंचपात्र।

अथातो ब्रह्मजिज्ञासा (ब्र.सू.१)
न धर्मनिष्ठोऽस्मि न चात्मवेदी
न भक्तिमांस्त्वच्चरणारविन्दे ।
अकिंचनोऽनन्यगतिः शरण्यं
त्वत्पादमूलं शरणं प्रपद्ये ॥
शास्त्रयोनित्वात् (ब्र.सू.३)
यो नित्यमच्युतपदाम्बुज-युग्मरुक्म
व्यामोहतस्तदितराणि तृणाय मेने ।
अस्मद् गुरोर्भगवतोऽस्य दयैकसिन्धोः
रामानुजस्य चरणौ शरणं प्रपद्ये ॥

प्राचीन श्री सुग्रीव किला

अयोध्या के प्राचीन स्थलों में एक। जनरल कनिंघम का कथन है कि सुग्रीव टीला उसी स्थान पर है, जहाँ ह्वेनसांग के अनुसार मणिपर्वत के उत्तर-पश्चिम में कुछ दूरी पर एक बड़ा बौद्ध मठ था। वाल्मीकि रामायण में वर्णित है कि जिस स्थान पर सुग्रीव किला है, वहाँ श्रीराम का एक अन्य राजमहल भी था। अपने आत्मसखा सुग्रीव के सम्मान में उनके अयोध्या आगमन पर सभी सुख-सुविधाओं से परिपूर्ण उक्त राजमहल को सुग्रीव जी के रहने के लिए श्रीराम ने प्रस्तुत किया। वाल्मीकि रामायण के युद्धकाण्ड के 128वें सर्ग के 45वें श्लोक में यह कथन आता है-

तच्च मद्धवनं श्रेष्ठं साशोकवनिकं महत्
मुक्तावैदूर्यसंकीर्णं सुग्रीवाय निवेदय

सुग्रीव किला, श्री वैष्णव सम्प्रदाय अर्थात रामानुज सम्प्रदाय (विशिष्टाद्वैत मत) के प्रधान पीठों में एक है। वैदुष्य की परम्परा, भगवती गोदाम्बा की पूजा, भगवान व्यंकटेश और लक्ष्मीनारायण की उपासना के साथ आलवन्दार स्तोत्र का पाठ यहाँ की विशिष्टता है। सुग्रीव किला का जब जीर्णोद्धार कराया गया, तब इसके तत्कालीन पीठाधीश्वर स्वामी पुरुषोत्तमाचार्य जी ने अयोध्या के पाँच सन्तों- राममंगलदास जी, करतलिया बाबा, गंगादास जी, रामरगड़ेदास जी और हनुमानगढ़ी के ब्रह्मचारी जी से पाँच ईंटें रखवाकर इसके निर्माण का नींव पूजन कराया था।

अवधपुरी के चारों राजकुमारों समेत गुरू वशिष्ठ

गुरगृहँ गए पढ़न रघुराई
अलप काल बिद्या सब आई

- श्रीरामचरितमानस

अयोध्या में चक्रतीर्थ से ईशानकोण में समस्त पापों को नाश करने वाला वशिष्ठ कुण्ठ प्रतिष्ठित है। मान्यता है कि यहाँ पर सदा अरुन्धती सहित तपोनिधि श्री वशिष्ठ जी, कामधेनु की सेवा करते हुए निवास करते हैं, जिनके निकट वामदेव विराजते हैं। इस कुण्ठ में विधिपूर्वक स्नान करने से मनुष्य वशिष्ठ जी की तरह ही ज्ञानवान होता है। यहाँ की वार्षिक यात्रा भाद्रपद शुक्ल पंचमी (ऋषि पंचमी) तथा आषाढ़ी पूर्णिमा (गुरु पूर्णिमा) है।

वैकुण्ठ मण्डप रामानुज सम्प्रदाय का एक विशेष पीठ है, जिसकी स्थापना स्वामी सीतारामाचार्य जी ने की थी। उनके बारे में प्रचलित है कि वे अत्यन्त रसिक भाव से अपने आराध्य की उपासना करते थे। उन्होंने इस मन्दिर में श्रीव्यंकटेश भगवान (श्रीनिवास जी) की स्थापना की थी। मन्दिर के गर्भगृह की भित्तियों पर कलात्मक ढंग से रंग-बिरंगी टाईलों का काम आकर्षक है।

श्री वैकुण्ठ मण्डप के श्री-विग्रह

पुराणों में वर्णित श्रीविष्णु के चौबीस अवतारों में कूर्म अवतार (ग्यारहवाँ अवतार) के रूप में भगवान श्री कूर्म नारायण का अयोध्या में एक मात्र मन्दिर, जिसे नेपाली मन्दिर भी कहते हैं। यहाँ पर शालिग्राम शिला में श्री कूर्म नारायण की विशेष आराधना होती है। रामानुज सम्प्रदाय से सम्बद्ध प्राचीन मन्दिर। इसका स्थापत्य भी कलात्मकता का अद्भुत उदाहरण है।

श्रीविष्णु का कूर्म अवतार विग्रह
नेपाली मंदिर

त्रेतायां वर्तमानायां कालः कृतसमोऽभवत्
रामे राजनि धर्मज्ञे सर्वभूतसुखावहे

- श्रीमद्भागवत महापुराण

जब समस्त प्राणियों को सुख देने वाले परम धर्मज्ञ भगवान् श्रीराम राजा हुए तब था तो त्रेतायुग, परन्तु मालूम होता था मानो सत्ययुग ही है।

नेपाली मंदिर

शठकोप स्वामी	**परकाल स्वामी**	**रामानुजाचार्य**	**रामानुजाचार्य**	**वरवर मुनि स्वामी**
(नमआलवार)	(तिरुमंगई आलवार)	(रामानुजर)	(रामानुजर) 'उत्सव मूर्ति'	(मड़वालमामुनिघल)

मद्रास (चेन्नई) के पार्थसारथी आयंगर स्वामी ने स्वप्रादेश प्राप्त करके दर्भशयन भगवान का श्रीविग्रह दर्भशयन स्थल से लाकर अयोध्या में स्थापित किया था, जिसे 'दर्भ शयन भगवान का दिव्य-देश' या 'अम्मा जी का मन्दिर' कहा जाता है। ऐसी मान्यता है कि समुद्र से प्रार्थना करते हुए श्रीराम जी ने कुश (दर्भ) आसन बिछाकर तीन दिनों तक उपवास-व्रत धारण किया था। उसी स्थल से 1904 ई. में उत्सव मूर्ति लाकर अयोध्या के अम्मा जी मन्दिर में उन्होंने स्थापित किया। इस मन्दिर के वार्षिक ब्रह्मोत्सव के अवसर पर चैत्र की वासन्तिक नवरात्र में नौ दिनों तक प्रतिदिन नौ अलग-अलग वाहनों पर भगवान राम की शोभा-यात्रा निकलती है। इन नौ दिनों के वाहन हैं- 'सिंह शार्दूल वाहन', 'गज वाहन', 'गरुड़ वाहन', 'हनुमान वाहन', 'अश्व वाहन', 'चन्द्रप्रभा वाहन', 'सूर्यप्रभा वाहन', 'कल्पवृक्ष वाहन', 'पुष्पक विमान वाहन'। अम्मा जी का मन्दिर अपनी ऐतिहासिकता समेटे हुए, उत्तर और दक्षिण भारत के समन्वय का भी प्रतीक है।

दर्भ शयन भगवान का दिव्य-देश गर्भगृह दर्शन

हनुमान वाहन

सूर्यप्रभा वाहन

गज वाहन

शेषनाग वाहन

गरुड़ वाहन

राजसदन अयोध्या

महात्मा श्री बनादास

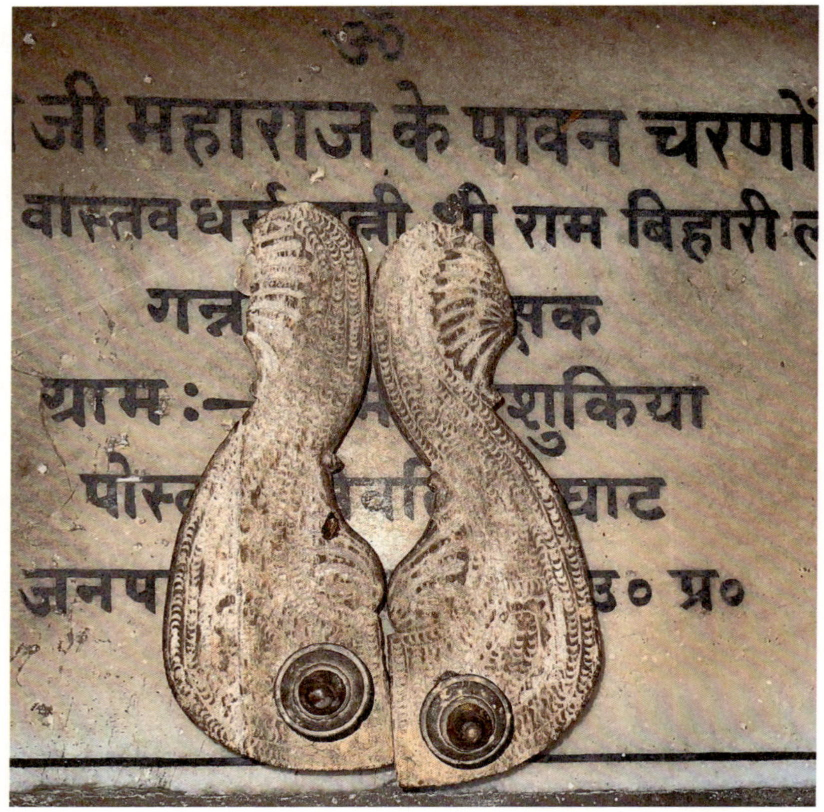

श्री भवहरण कुंज में रखी बनादास जी की चरण पादुका

तुलसी उद्यान के पार्श्व में प्रसिद्ध विरक्त सन्त स्वामी बनादास जी का आश्रम है, इसे प्राचीन समय में 'श्री भवहरण कुंज' कहा जाता था। अयोध्या के तपस्वी, मनीषी विद्वान के रूप में विख्यात बनादास जी के बारे में अवधवासी लाला सीताराम बी.ए. 'श्री अवध की झाँकी' में लिखते हैं कि इनके रचे छियालीस ग्रन्थ हैं, जिनमें से मात्र अवधी भाषा का 'उभय प्रबोधक रामायण' ही प्रकाशित है। हालाँकि बाद के विद्वानों ने इनके द्वारा चौंसठ ग्रंथों की रचना की पुष्टि की है । उनका भाव था कि वे रामावतार के समय प्रभु श्रीराम के प्रमुख दास थे और इस सम्बन्ध में श्रीराम की परिचर्या के लिए विवाह के अवसर पर उनके साथ मिथिला गए, इसीलिए राम के 'बना' (दूल्हा) के दास के रूप में बनादास हुए । आप 'दास्य-भाव' के उपासक थे । एक स्थान पर वे स्वयं को मधुरदास भी घोषित करते हैं- **'बनादास सियाराम कृपा ते मधुरदास'...**

अयोध्या रियासत के महाराजा प्रताप नारायण सिंह 'ददुआ महाराज' इनके शिष्य थे। बनादास के वचनामृत अयोध्या में उसी तरह कहे और सुनाए जाते हैं, जिस तरह रामभक्ति में ढेरों सन्त, निर्गुणियों और भजनानन्दियों के पद गाए जाते हैं।

बनादास जी की एक प्रसिद्ध उक्ति है-

जियत न सुमरै राम पद, मरै न सरजू तीर

बनादास हमरे मतै, नाहक धरै शरीर।

द्विविद जी के प्राचीन टीले पर स्थित प्रमुख निर्गुणी सन्त पलटूदास जी का आश्रम, जो प्रसिद्ध सन्त जगजीवन साहब के शिष्य थे। अयोध्या की वैष्णव परम्परा में उपस्थित निर्गुण साधना और साहित्य रचना के प्रमुख आधार स्तम्भ। इनकी प्रसिद्ध उक्ति है।

चार बरण को मेट के भगति चलाया मूल
गुरु गोविन्द के बाग में पलटू फूलै फूल

झूलना

सतगुरु साहिब जब मिहर करी,
तब ज्ञान का दीपक बारा है जी
भर्म अँधेरा छूटि गया,
दसहूँ दिसि भा उजियारा है जी
रैन दिवस टूटै नाहीं,
लागी ज्यों तेल की धारा है जी
पलटू कहैं मोहिं दीख परा,
घट घट में ठाकुरद्वारा है जी

- पलटूदास

गोकुलभवन में परमहंस श्री राममंगलदास जी

अयोध्या की विद्वत सन्त परम्परा में श्रीराममंगलदास जी का नाम अग्रणी है। श्रीरामजन्मभूमि के निकट गोकुल भवन में उन्होंने अपनी साधना का अधिकांश समय व्यतीत किया। इनके बारे में यह कथन मशहूर है कि एक बार शंकराचार्य ने इनसे पूछा- 'आपकी उपासना क्या है?' इस पर राममंगलदास जी ने उत्तर दिया था- 'मेरे यहाँ से कोई उपासा (भूखा) न जाए, यही मेरी उपासना है।' उन्होंने कई ग्रन्थों का प्रणयन किया, जिनमें 'भक्त भगवन्त चरितावली', 'वैकुण्ठ धाम के अमृत-फल', 'प्रसंग पारिजात' प्रमुख हैं।

स्वामी पागलदास जी की कुटिया

अयोध्या में पखावज वादन की परम्परा लगभग दो सौ साल पुरानी है। दतिया, मध्य प्रदेश के प्रख्यात पखावजी कोदऊ सिंह से अयोध्या के बाबा रामकुमारदास जी ने बाकायदा पखावज सीखा और हनुमानगढ़ी आकर बसे। यहाँ उनके दो प्रमुख शिष्यों ने अयोध्या में पखावजवादन की परम्परा आरम्भ की। इनमें श्री राममोहिनीशरण जी महाराज, फकीरे-राम मन्दिर में बजाते थे, जबकि उनके शिष्य बाबा भगवानदास राम-कचेहरी में। बाबा भगवानदास के ही शिष्य स्वामी रामशंकरदास 'पागलदास' हुए। भगवानदास जी के बाद से यह परम्परा 'अवधी घराना' कहलायी, जो कोदऊ सिंह घराना के अन्तर्गत ही आती है। स्वामी पागलदास ने अन्तर्राष्ट्रीय स्तर पर पखावज की परम्परा को स्थापित किया और उन्हें भारत सरकार द्वारा कई प्रतिष्ठित सम्मान मिले, जिनमें केन्द्रीय संगीत नाटक अकादेमी पुरस्कार प्रमुख है। जीवनपर्यन्त वे प्रमोदवन में अपनी साधना के लिए एक कुटिया 'जय-मृदंग' बनाकर पखावज की सेवा में लगे रहे। 'रसना-रसायन' पागलदास जी के पद और सवैयों की अनुपम पुस्तक है।

फूल के बंगले में बैठे सुभग सीताराम हैं
देखि इस झाँकी को लज्जित कोटि रति अरु काम हैं

फूल के हैं बाजू बन्द कंगन ओ मुंदरी फूल के
फूल मालाओं से शोभित हृदय शोभा धाम हैं

फूल से सज्जित बसन भूषण बने सब फूल के
भक्त मन मधुकर की खातिर ये सुखद आराम हैं

फूल की बारिश मगन करे विबुध आकाश से
आज 'पागलदास' इस छवि पै बिके बेदाम हैं

पौराणिक श्री श्रृंगी ऋषि आश्रम

माता शान्ता की गुफा

श्री श्रृंगी ऋषि की गुफा

श्री श्रृंगी ऋषि गुफा का गर्भगृह

राम-कथा की पौराणिक मान्यताओं के अनुसार श्रृंगी ऋषि ने ही अयोध्या के अधिपति राजा दशरथ को सन्तान प्राप्ति के लिए पुत्र कामेष्टि यज्ञ करवाया था, जिसके तहत उन्हें राम, लक्ष्मण, भरत और शत्रुघ्न जैसे चार श्रेष्ठ व योग्य पुत्र प्राप्त हुए। उन्हीं ऋषि की तपोभूमि के रूप में स्थापित श्रृंगी ऋषि आश्रम की धार्मिक मान्यता अवध क्षेत्र के एक ऐसे प्रमुख तीर्थ क्षेत्र के रूप में होती है, जिसे अयोध्या की चौरासी कोस की परिक्रमा में गिना जाता है। डच इतिहासकार हंस बेकर की 'अयोध्या' के अनुसार- 'इस परिक्रमा के उठाने के तीसरे दिन श्रृंगी ऋषि के आश्रम पर जाकर भक्त और श्रद्धालु विश्राम करते हैं और वहीं से आगे की परिक्रमा बढ़ाते हैं।' आश्रम में दो गुफाएँ हैं, जो समीप ही स्थित हैं और बगल में ही सरयू बहती हैं। एक गुफा में श्रृंगी ऋषि की समाधि है, जो देवी पिण्डों की तरह ही उभरे हुए आकार में निर्मित है और इसी तरह अलग से दूसरी गुफा के अन्दर माँ शान्ता की समाधि विद्यमान है। इस आश्रम के सन्दर्भ में दो तिथियाँ सर्वाधिक महत्त्व की हैं- कार्तिक पूर्णिमा और चैत्र रामनवमी। इस आश्रम की मान्यता पुत्र प्राप्ति के सन्दर्भ में अधिक प्रचलन में रही है, जिसके अनुसार वहाँ जाकर दर्शन, परिक्रमा और ध्यान-जप करना प्रमुख कृत्य माना गया है।

वर्तमान में तुलसी राजकीय उद्यान, ब्रिटिश दौर में विक्टोरिया पार्क हुआ करता था। अयोध्या में समाज सेवा के लिए अग्रणी भूमिका निभाने वाली स्व. श्रीमती के. रानी शर्मा जी ने 1963 ई. में इस उद्यान के लिए सन्त कवि गोस्वामी तुलसीदास जी की मनमोहक संगमरमर की प्रतिमा प्रदान की थी, जिसका विधिवत अनावरण पौष शुक्ल त्रयोदशी संवत 2020 विक्रमी (28 सितम्बर, 1963) को उत्तर प्रदेश के राज्यपाल महामहिम श्री विश्वनाथ दास जी द्वारा तुलसी सेवा समिति के तत्त्वावधान में हुआ था। उसी समय से श्रीरामचन्द्र और अयोध्या की कीर्ति गाने वाले भक्त शिरोमणि श्री तुलसीदास जी के नाम से यह उद्यान जाना जाता है।

गोस्वामी श्री तुलसीदास

तुलसी उद्यान

राम निरंजन न्यारा रे, अंजन सकल पसारा

- कबीर

बिंदु सम्प्रदाय के प्रवर्तक महात्मा रामप्रसाद जी के शिष्य श्रीरामचरणदास जी 'करुणासिन्धु' हुए, जिन्होंने रामचरितमानस की पहली प्रामाणिक टीका 'रामानन्द लहरी' लिखी थी। वे जानकीघाट मंदिर से सम्बद्ध थे।

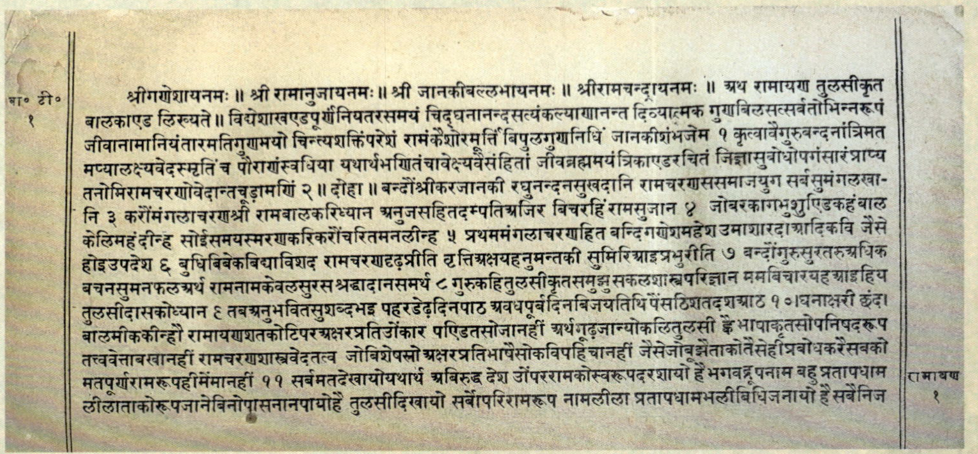

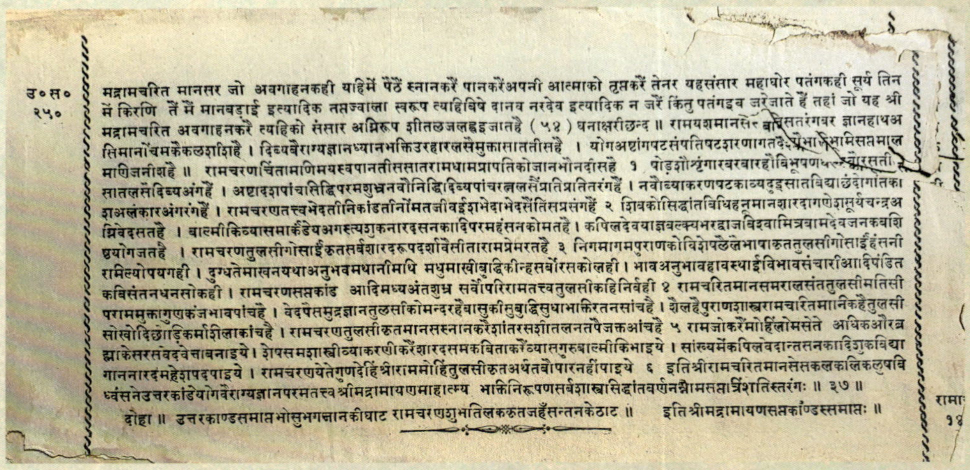

रामचन्द्रिका सटीक

कविवर श्रीकेशवदासरचित

जिसका

श्रीरामचरणपरागमधुकर मैथिलीचरणसमाश्रित जानकीप्रसाद ने अत्युत्तम नागरी भाषा में तिलक किया

सर्वाधिकार रक्षित है।

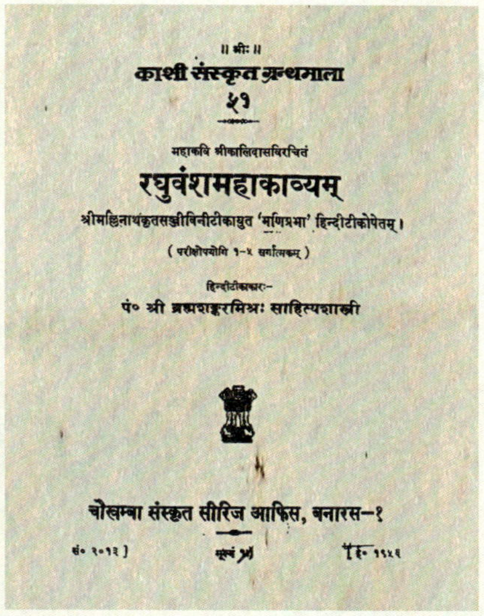

॥ श्रीः ॥

काशी संस्कृत ग्रन्थमाला

५१

महाकवि श्रीकालिदासविरचितं

रघुवंशमहाकाव्यम्

श्रीमल्लिनाथकृतसञ्जीविनीटीकायुत 'मणिप्रभा' हिन्दीटीकोपेतम्।

(परीक्षोपयोगि १-५ सर्गात्मकम्)

हिन्दीटीकाकारः-

पं० श्री ब्रह्मशङ्करमिश्रः साहित्यशास्त्री

चौखम्बा संस्कृत सीरिज आफिस, बनारस-१

सं० २०१२] [ई० १९५६

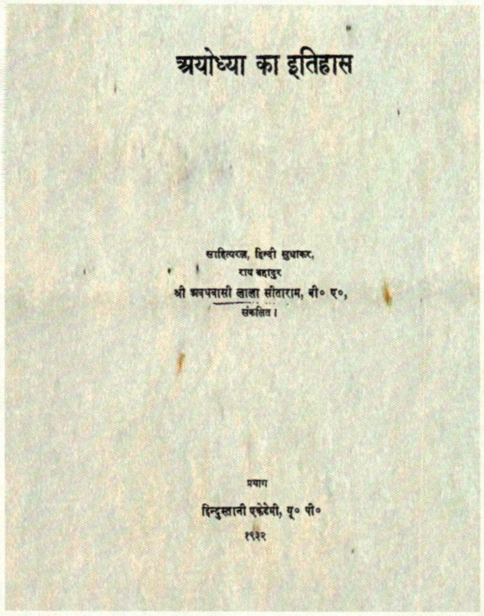

अयोध्या का इतिहास

साहित्यरत्न, हिन्दी सुधाकर,

राय बहादुर

श्री अवधवासी लाला सीताराम, बी० ए०,

संकलित।

प्रयाग

हिन्दुस्तानी एकेडेमी, यू० पी०

१९३२

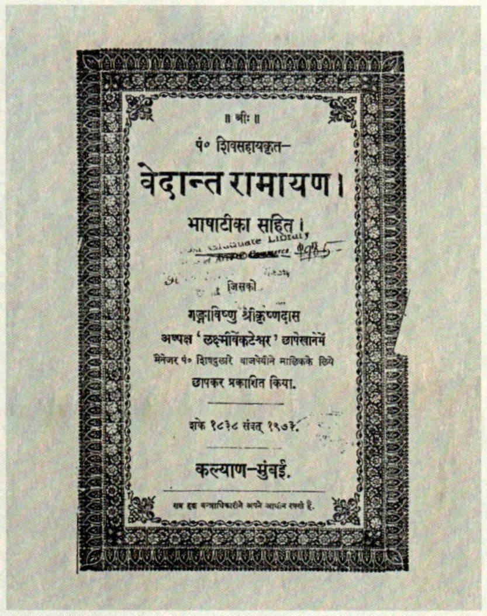

॥ श्रीः ॥

पं० शिवसहायकृत-

वेदान्त रामायण।

भाषाटीका सहित।

जिसको

गङ्गाविष्णु श्रीकृष्णदास

अध्यक्ष 'लक्ष्मीवेंकटेश्वर' छापेखानेमें

मेनेजर पं० शिवदुलारे वाजपेयीने मालिकके लिये

छापकर प्रकाशित किया.

शके १८३८ संवत् १९७३.

कल्याण-मुंबई.

सब हक यन्त्राधिकारीने अपने आधीन रक्खे हैं।

अयोध्या-दर्पण

लेखक एवं प्रकाशक

ब्रह्मचारी श्री भगीरथराम जी

शान्तिकुटी, गोकुल भवन, वशिष्ठ कुण्ड

श्री अयोध्याजी (उ०प्र०)

सम्पादक

गणेशदास 'भक्तमाली'

सुदामाकुटी, वृन्दावन (मथुरा)

चैत्र शुक्ल 9 (रामनवमी) सं० 2049

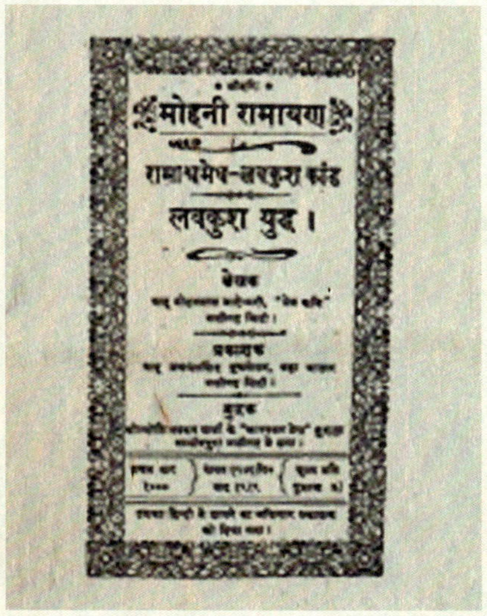

मोहनी रामायण

लवकुश युद्ध।

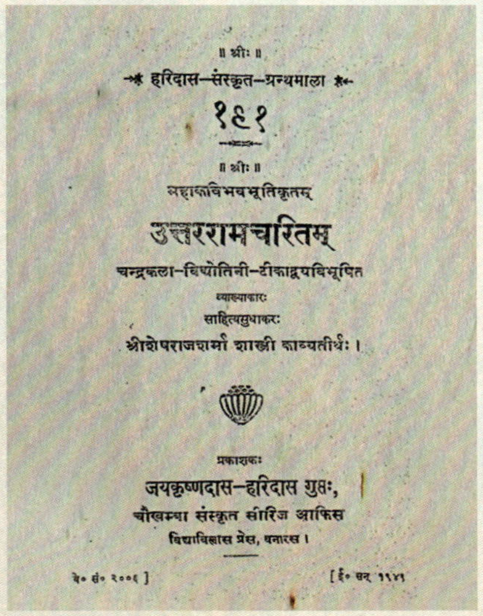

॥ श्रीः ॥

हरिदास-संस्कृत-ग्रन्थमाला

१६१

॥ श्रीः ॥

महाकविभवभूतिकृतम्

उत्तररामचरितम्

चन्द्रकला-विद्योतिनी-टीकाद्वयविभूषित

व्याख्याकारः

साहित्यसुधाकरः

श्रीशेषराजशर्मा शास्त्री काव्यतीर्थः।

प्रकाशकः

जयकृष्णदास-हरिदास गुप्तः,

चौखम्बा संस्कृत सीरिज आफिस

विद्याविलास प्रेस, बनारस।

वि० सं० २००६] [ई० सन् १९४९

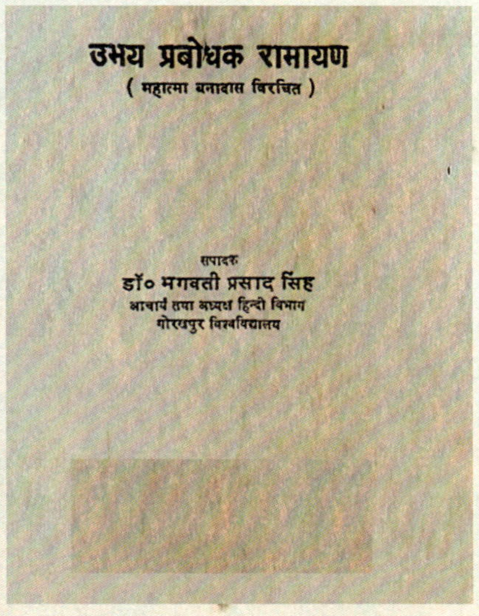

उभय प्रबोधक रामायण

(महात्मा बनादास विरचित)

संपादक

डॉ० भगवती प्रसाद सिंह

आचार्य तथा अध्यक्ष हिन्दी विभाग

गोरखपुर विश्वविद्यालय

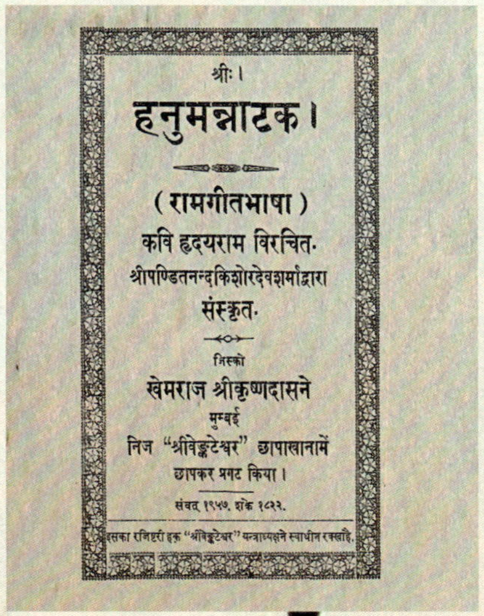

श्रीः।

हनुमन्नाटक।

(रामगीतभाषा)

कवि हृदयराम विरचित.

श्रीपण्डितनन्दकिशोरदेवशर्माद्वारा

संस्कृत.

जिसको

खेमराज श्रीकृष्णदासने

मुम्बई

निज "श्रीवेङ्कटेश्वर" छापाखानामें

छापकर प्रगट किया।

संवत् १९५७, शके १८२२.

इसका रजिष्टरी हक "श्रीवेङ्कटेश्वर" यन्त्राध्यक्षने स्वाधीन रक्खाहै.

राजद्वार के प्रसिद्ध लंका-दहन के हनुमान जी

रामलीला की विभिन्न छवियाँ

अयोध्या में रामलीला की परम्परा लगभग 300 वर्ष पुरानी मानी जाती है, जिसे अधिकतर रामानन्दीय सम्प्रदाय के अन्तर्गत सम्पादित किया जाता है। मूल रूप से गोस्वामी तुलसीदास जी की 'रामचरितमानस' को आधार बनाकर सम्पन्न होने वाली रामलीला में 'राधेश्याम रामायण' से अंश लेने के अलावा केशवदास की 'रामचन्द्रिका', युगलानन्यशरण जी महाराज, करुणासिन्धु जी महाराज, सन्त कृपानिवास, ललित किशोरी, बिन्दु गोस्वामी तथा विनीत जी के सवैयों का विशेष उपयोग किया जाता रहा है। श्रीरामलीला को उद्देश्य करते हुए भी स्फुट साहित्य/संवाद की रचना की गयी है, जिसमें बक्सर के श्रीमन्नारायण जी भक्तमाली (मामाजी) का नाम विशेष उल्लेखनीय है। अयोध्या की रामलीला को स्थापित करने में अयोध्या रियासत की मैदानी रामलीला का विशेष महत्त्व है, जिसके अन्तर्गत, राजद्वार का लंका दहन, राजसदन का भरत मिलाप और राजगद्दी ऐतिहासिक माने जाते हैं। उल्लेखनीय है कि अयोध्या की प्रायः समस्त प्राचीन लीलाएँ एक मंच पर केन्द्रित नहीं थीं, अलग-अलग प्रसंगों का, अलग-अलग स्थानों पर मंचन होता था। इनमें स्वर्गद्वार, लक्ष्मण किला, स्मारक सदन, राजेन्द्र निवास तथा पत्थर मन्दिर की लीलाएँ महत्त्वपूर्ण हैं। अयोध्या की रामलीला का मंचन करने वाले अनेक मण्डल सक्रिय हैं, जो अयोध्या समेत देश-विदेश में श्रीरामलीला का मंचन प्रस्तुत कर रहे हैं।

अयोध्या की मंचीय रामलीला की दुर्लभ तस्वीरें

रामलीला के विभिन्न स्वरूप

अवध आदर्श राम लीला
महन्थः-बाबा श्री जयरामदास

वासुदेव घाट में स्थित पत्थर मन्दिर, स्थापत्य और भित्ति अलंकरण के लिए प्रसिद्ध है। इस मन्दिर से सम्बन्धित उल्लेखनीय तथ्य यह है कि अयोध्या की मंचीय रामलीला का सबसे प्रधान और प्राचीन केन्द्र यही माना जाता है, जहाँ पर आज से लगभग दो सौ वर्ष पूर्व स्वामी श्री माणिकदास जी महाराज ने इसकी नींव रखी। बाद में परवर्ती आचार्य स्व. श्री जयरामदास जी 'व्यास' ने 'श्री अवध आदर्श रामलीला मण्डली' बनाकर रामलीला मंचन की परम्परा को आगे बढ़ाया। उन्हें 'रामलीला आचार्य' भी कहा जाता है।

पत्थर मंदिर की उत्कृष्ट स्थापत्यकला

अयोध्या की चौरासी कोस परिक्रमा परिधि के भीतर स्थित भगवान श्री विष्णु की प्रतिमा। यह जनता इंटर कॉलेज, जयसिंहमऊ के प्रांगण के एक छोटे-से टीले से प्राप्त हुई थी, जो वर्तमान में भी वहीं स्थापित है। मान्यता है कि यह बारहवीं सदी की मूर्तिकला का आदर्श प्रतीक है। स्थानीय लोग इस मनोरम भव्य विष्णु प्रतिमा को 'ढाकू वीर' के नाम से पुकारते थे। कलात्मकता के लिहाज़ से लगभग चार फीट की ऊँचाई के इस विग्रह में भगवान श्री हरि के मत्स्य, कूर्म, वाराह, वामन आदि दस अवतारों को निरूपित किया गया है। देवता के चतुर्भुज स्वरूप में शंख, चक्र, गदा और पद्म का प्रदर्शन है। उनके उभय पार्श्वों में चँवरधारी मानव आकृतियाँ बनी हैं तथा अधोभाग में पूजारत भक्तों की सुन्दर संरचना उकेरी गयी है।

लगभग बारहवीं शताब्दी के
चतुर्भुज भगवान श्रीविष्णु

श्री सीताराम नाम बैंक में श्री सीताराम नाम की जमा पुस्तिकाएँ

'अन्तर्राष्ट्रीय सीताराम नाम बैंक' अयोध्या की मणिरामदास जी की छावनी से संचालित होता है। इसकी स्थापना महान्त श्री नृत्यगोपालदास जी ने सन् 1970 में कार्तिक कृष्णपक्ष एकादशी के दिन की थी। यहाँ बैंक की धन संचय की अवधारणा की तरह ही, खाताधारी 'सीताराम' नाम लिखकर बैंक में संचित करते हैं। ये पुण्य कमाने और अयोध्या-धाम में रहकर सीताराम नाम सुमिरन का अनूठा प्रयोग है। हिन्दी के साथ लगभग सारी भारतीय भाषाओं में यहाँ 'सीताराम' नाम संगृहीत हैं। अंग्रेजी और लैटिन भाषा में भी यहाँ सीताराम नाम धन एकत्र है। अब तक इस बैंक में 21 हज़ार करोड़ 'सीताराम' नाम जमा हो चुका है। इसका संचालन 1970 से आज तक श्री पुनीतरामदास करते हैं।

श्रीराम के वनवास से वापस लौटने पर अयोध्या की दीपकों से हुई सजावट दीपावली के रूप में विश्वविश्रुत है। संस्कृति विभाग, उत्तर प्रदेश शासन ने इस पर्व को विराट आयोजन के रूप में विकसित किया है। सरयू तट पर बनी श्रीराम की पैड़ी की सीढ़ियों पर एक साथ लाखों दीपकों की सजावट और सम्पूर्णप्राय अयोध्या को उल्लास के वातावरण में रंगकर इस अवसर को वैश्विक पहचान दी है। दीपावली के एक दिन पूर्व छोटी दीपावली को होने वाले इस आयोजन में विद्वानों, कलाकारों, विशिष्ट विभूतियों, सन्तों तथा श्रद्धालुओं का भव्य समागम होता है। दीपोत्सव में एक साथ जलने वाले दीपकों की सर्वाधिक संख्या के आधार पर इस पर्व को 'गिनीज़ बुक ऑफ़ वर्ल्ड रिकार्ड' में स्थान मिला है। इस अवसर को जीवन्त बनाने के लिए वन से लौटते श्रीराम, जानकी जी और लक्ष्मण जी की एक भव्य शोभा यात्रा राम की पैड़ी पहुँचती है, जिसका उल्लास के साथ भव्य स्वागत होता है और आरती उतारी जाती है। हाल के कुछ वर्षों में यह आयोजन, अयोध्या का प्रतिनिधि आयोजन बन गया है, जिसमें सम्मिलित होने दूर-दूर से लोग आते हैं।

श्रवण तीर्थ क्षेत्र में रामायण सम्बन्धित झाँकियाँ

अयोध्या-अम्बेडकर नगर राजमार्ग पर स्थित अन्नावाँ बाज़ार से दक्षिण की ओर पहतीपुर मार्ग पर दो किलोमीटर चलने पर 'वेदश्रुति-तमसा (बिसुही-मड़हा) संगम' स्थल है और इसी संगम क्षेत्र में 'श्रवण-क्षेत्र तीर्थ' भी स्थित है। यह तथ्य अपने में विशेष उल्लेखनीय है कि वेदश्रुति और तमसा दोनों ही नदियाँ यहाँ पर पश्चिम से चलकर आती हैं और आपस में मिलकर तमसा का तट बनाती हैं। इसी तमसा नदी के भव्य तट पर 'श्रवण-धाम' या 'श्रवण-क्षेत्र आश्रम' मौजूद है। इस श्रवण-क्षेत्र में प्राचीन 'श्रवण कुमार आश्रम' और 'श्रवण कुमार समाधि स्थल' दोनों मौजूद हैं। समाधि स्थल का सन् 1990 के दौरान जीर्णोद्धार कराया गया है और वहाँ एक बड़ी मार्मिक झाँकी के दर्शन होते हैं, जो नयी मूर्तियों के रूप में स्थापित हैं। इसमें राजा दशरथ के बाण से मृत युवक श्रवण कुमार का शव पड़ा है, जिसके सामने विलाप करते हुए उनके माता-पिता की प्रतिमाएँ हैं और श्रवण कुमार के सिर के पास दुःखी और हतप्रभ राजा दशरथ खड़े हैं। इन्हीं मूर्तियों के समीप पौराणिक श्रवण कुमार समाधि बनी हुई है। लोक-मान्यता के अनुसार इसी क्षेत्र में तमसा के तट पर राजा दशरथ ने अपने प्यासे माता-पिता के लिए जल लेते वक्त श्रवण कुमार को भूल वश हिरण या अन्य पशु समझकर शिकार करने के उद्देश्य से बाण मारा था और श्रवण कुमार की मृत्यु हुई थी। इसी कथा के पौराणिक सन्दर्भ से 'श्रवण कुमार आश्रम' भी समाधि स्थल के समीप टीले पर बना हुआ है।

श्रवण तीर्थ क्षेत्र में श्रवण कुमार के शव के पास विलाप करते उनके माता-पिता तथा राजा दशरथ

विद्याकुण्ड बड़ा स्थान के नाम से प्रसिद्ध प्राचीन तीर्थ, जो लश्करी सम्प्रदाय की आचार्य गद्दी है। यहाँ की परम्परा पाँच सौ वर्ष प्राचीन मानी जाती है। इस मन्दिर की स्थापना ब्रह्मानन्द जी महाराज ने की थी। बड़ी छावनी के तपस्वी मनीषी बाबा रघुनाथदास जी इसी स्थान के शिष्य थे। सम्पूर्ण भारतवर्ष में लश्करी तिलकधारी जितने भी मठ-मन्दिर मौजूद हैं, सभी का उद्गम यहाँ से सम्बन्धित रहा है। कई शताब्दी पूर्व नेपाल नरेश ने यहाँ सवा लाख शालिग्राम विग्रह भेंट में दिया था, जिनकी उपासना यहाँ की प्रमुख आराधना में शामिल है। यह उल्लेखनीय तथ्य इस मन्दिर से सम्बन्धित है कि भगवान व्यंकटेश के शीर्ष स्थान 'तिरुपति तिरुमाला देवस्थानम्' इसी मन्दिर की शाखा के रूप में प्रसिद्ध है।

हिन्द में प्रतिवर्ष आती है ये नवमी राम की
राम का सुमिरन करा जाती है नवमी राम की

देश पर जब हो रहा दुष्टों का अत्याचार था
हर तरफ संसार के हर घर में हा-हाकार था
भूमि सह सकती न थी पापों का इतना भार था
उस समय भारत में ईश्वर ने लिया अवतार था
यह सबक़ सबको सिखा जाती है नवमी राम की
राम का सुमिरन करा जाती है नवमी राम की

किस तरह माँ बाप का सत्कार करना चाहिए
किस तरह भाई से अपने प्यार करना चाहिए
किस तरह दीनों के प्रति उपकार करना चाहिए
किस तरह इस देश का उद्धार करना चाहिए
राम के ये गुण बता जाती है नवमी राम की
राम का सुमिरन करा जाती है नवमी राम की

चक्रवर्ती राज्य पद को त्यागने से तीव्र त्याग
भील, गीध निषाद से मिलने में था शुद्धानुराग
वन में चौदह वर्ष बस जाने में था उत्तम विराग
बज रहा था जिस्म की रग-रग में सच्चाई का राग
याद ये बातें दिला जाती है नवमी राम की
राम का सुमिरन करा जाती है नवमी राम की

प्रेम करने में भरत दृग 'बिन्दु' का आदर्श लो
शरण जाने में विभीषण भाव का उत्कर्ष लो
दास बनने में सदा हनुमान का सा हर्ष लो।
मन्त्र यह प्रतिपक्ष लो, प्रतिमास लो, प्रतिवर्ष लो
यह सन्देशा शुभ सुना जाती है नवमी राम की
राम का सुमिरन करा जाती है नवमी राम की

- गोस्वामी बिन्दु जी महाराज
(मोहन-मोहिनी)

श्रीरामजन्मभूमि मन्दिर निर्माण के लिए कारसेवक पुरम के निकट श्रीरामजन्मभूमि कार्यशाला में मन्दिर निर्माण हेतु पत्थरों पर तराशा गया स्थापत्य

मऊशिवाला मंदिर के परिक्रमा पथ पर बनी चित्रावली, जिसमें पौराणिक कथाएँ वर्णित हैं
(लगभग 150 वर्ष पुराना अलंकरण)

अयोध्या-रायबरेली राजमार्ग पर पड़ने वाले इस पौराणिक नवाबकालीन मऊशिवाला मंदिर में भित्तिचित्रों का मनोहारी अंकन हुआ है। इस मन्दिर का निर्माण आजमगढ़ में स्थित मऊयदुवंशपुर नामक तालुकेदारी के राजा दर्शनसिंह ने कराया था। रुद्रेश्वर महादेव के इस मन्दिर गर्भगृह और उसकी परिक्रमा करने के लिए बनी प्रदक्षिणा-पथ पर नवाबकालीन चित्रकला की सुन्दर बानगियाँ चारों तरफ अंकित हैं, जो अवध कला की 'कम्पनी स्कूल' शैली से प्रभावित है।

यमस्थल मन्दिर

पौराणिक यमस्थल वर्तमान में जमथरा घाट के रूप में प्रसिद्ध है। इसी स्थान पर हिन्दुओं का अन्तिम संस्कार सम्पादित किया जाता है। चूँकि यह स्थल अयोध्या की चौदह कोसी परिक्रमा परिधि के भीतर पड़ता है, इसलिए यहाँ पर शवों का अन्तिम संस्कार करने की प्राचीन परम्परा रही है। इसके चलते हिन्दुओं में व्याप्त इस भावना को भी मान्यता मिलती है कि अयोध्या धाम में सरयू के तट पर मृतक का अन्तिम संस्कार करने पर उसको इस संसार में आवागमन के बन्धन से मुक्ति मिलेगी और मोक्ष प्राप्त होगा। मीरनघाट की ओर से जमथरा के मार्ग पर लगभग डेढ़ किलोमीटर चलने पर दाहिनी तरफ 'एडवर्ड अयोध्या तीर्थ विवेचनी सभा' का 'श्री यमस्थल' का शिलालेख क्रमांक 99 लगा है।

यह स्थान मान्यता के अनुसार मृत्यु के देवता यमराज के स्थल के रूप में पूज्य है। वर्तमान में इस शिलालेख से सटा हुआ एक नया हनुमान मन्दिर बना है, जिसे 'श्री सीताराम श्री संकटमोचन हनुमान मन्दिर' कहा जाता है। हालाँकि 'यमस्थल तीर्थ' की पौराणिकता मात्र जमथरा घाट पर होने वाले शवों के अन्तिम संस्कार के रूप में ही मान्य रही है।

प्राचीन श्री यमराज की प्रतिमा

गुरुद्वारा नज़रबाग

गुरुद्वारा नज़रबाग के नाम से प्रसिद्ध सिखों का धार्मिक स्थल अयोध्या के नज़रबाग मोहल्ले में स्थित है। इस गुरुद्वारे के बारे में मान्यता है कि यहाँ सिखों के आदि गुरु नानकदेव तथा अन्तिम गुरु गोविन्द सिंह पधारे थे। यह भी कहा जाता है कि अयोध्या के राजा मानसिंह जी ने सिखों के सम्मान में अपने बाग की भूमि आदरपूर्वक नज़र में भेंट की थी, तभी से यह स्थान नज़रबाग कहलाया। यहाँ पर निर्मित प्राचीन गुरुद्वारे की स्थापना सन् 1890 के आासपास हुई थी, जिसका बाद में जीर्णोद्धार कराया गया। यहाँ के वार्षिक पर्व में गुरुमत समागम दीपावली के दूसरे दिन अन्नकूट का होता है। प्रत्येक मास की अमावस्या के दिन भव्य कार्यक्रम सम्पादित होते हैं तथा आषाढ़ी पूर्णिमा (गुरुपूर्णिमा) तथा कार्तिक पूर्णिमा (गुरुनानक जयन्ती) विशेष उत्सव के दिन हैं।

ब्रह्मकुण्ड गुरुद्वारे में पालकी साहब (दरबार साहब) का नज़ारा

सब कुछ जीवत को व्यवहार। मात पिता भाई सुत बांधव अरु पुनि गृह की नार।
तनते प्राण होत जब न्यारे टेरत प्रेत पुकार। आध घरी कोऊ नहीं राखै घरते देत निकार।
मृणतृष्णा ज्यों जग रचना यह देखो हृदय विचार।
कहु नानक भजराम नाम नित जाते होत उधार।

- गुरुनानक देव (राग देवगंधार)

रागरत्नाकर तथा भक्तचिन्तामणि खेमराज श्रीकृष्णदास द्वारा वेंकटेश्वर प्रेस, बम्बई, 1926

पौराणिक ब्रम्हकुण्ड गुरुद्वारा

अयोध्या माहात्म्य के अनुसार अति प्राचीन तीर्थ, जिसके बारे में मान्यता है कि यहाँ साक्षात् ब्रह्मा जी ने यात्रा की थी और यज्ञ सम्पादित करने के बाद कुण्ड का निर्माण किया था। यहाँ कालान्तर में ब्रह्मा जी की चतुर्मुखी प्रतिमा स्थापित है, जिनके चारों भुजाओं में क्रमशः कमण्डल, वेद, अक्षमाला और पद्म सुशोभित है। यह भी लोक विश्वास है कि सोलहवीं शताब्दी में इसके घाट पर सिखों के आदिगुरु श्री गुरुनानक देव पधारे थे, जब वे हरिद्वार से जगन्नाथपुरी की यात्रा के दौरान अयोध्या धाम से गुजरे थे। उन्हीं की स्मृति में यहाँ लौह-स्तम्भ स्थापित किया गया था। वर्तमान में यहाँ सिखों द्वारा निर्मित भव्य गुरुद्वारा है, जो इस पन्थ के अनुयायियों का पवित्र तीर्थ स्थल है। इस घाट की परिक्रमा व स्नान के लिए कार्तिक मास की देवोत्थान एकादशी का माहात्म्य है, जब अयोध्या की पंचकोसी परिक्रमा होती है। कार्तिक पूर्णिमा का दिन विशेष महत्त्व का है, क्योंकि इसी दिन गुरुनानक देव का आविर्भाव हुआ था।

जैन तीर्थंकरों की कमलासीन प्रतिमाएँ

जैन दर्शन के आदि प्रवर्तक के रूप में स्थापित भगवान ऋषभदेव के साथ ही अयोध्या अन्य चार तीर्थंकरों की भी जन्मस्थली होने का गौरव रखती है, जिसमें भगवान अजितनाथ, अभिनन्दननाथ, सुमतिनाथ तथा अनन्तनाथ उपस्थित हैं। भगवान श्री ऋषभदेव का दिगम्बर जैन मन्दिर, इस नगरी का एक प्रमुख जैन उपासना केन्द्र रहा है।

भगवान श्री ऋषभदेव की विशाल प्राचीन प्रतिमा

दिगंबर जैन मंदिर का विशाल प्रांगण

अयोध्या में मौजूद दरगाह सैय्यद मुहम्मद इब्राहीम मज़जूब ताशकन्दी, जिसे प्रचलित अर्थों में यहाँ अड़गड़ा की दरगाह कहते हैं। ऐसी मान्यता है कि वे ताशकन्द से आए थे। इस दरगाह से सूफ़ी क़व्वाली की परम्परा जुड़ी हुई है और प्रत्येक गुरुवार को यहाँ क़व्वाली गायन होता है। यहाँ पर वर्ष में एक सालाना कार्यक्रम सैय्यद मुहम्मद इब्राहीम मज़जूब ताशकन्दी के उर्स के मौक़े पर होता है, जो तीन दिनों तक चलता है। अन्तिम दिन क़व्वाली गायन की बड़ी परम्परा है।

रहमतुल्लाह आलेह बीबी, जिन्हें हज़रत बड़ी बुआ साहिबा कहा जाता है, उनकी मज़ार अयोध्या की पंचकोसी परिक्रमा मार्ग की परिधि पर पड़ती है। गज़ेटियर ऑफ़ अवध में यह उल्लेख मिलता है कि बड़ी बुआ साहिबा एक सन्त स्वभाव की स्त्री फ़क़ीर थीं, जिनकी इस क्षेत्र में बड़ी प्रसिद्धि रही है। इनकी मज़ार के ऊपर छत नहीं है। ऐसा इस कारण है कि हज़रत बड़ी बुआ अपने और ख़ुदा के बीच कोई आवरण नहीं चाहती थीं और उनसे सीधे संवाद की स्थिति में उनकी दरगाह पर छत नहीं बनाई गयी। वे हिन्दू-मुस्लिम समन्वय की भी प्रतीक मानी जाती हैं, क्योंकि उनके बारे में मशहूर है कि वे कृष्ण भक्त थीं और हिन्दू और मुस्लिम दोनों ही उनकी दरगाह पर आस्था से मन्नत माँगने और चादर चढ़ाने जाते हैं।

कोरियाई स्मारक स्थल की विभिन्न छवियाँ

बौद्ध धर्म के प्रवर्तक भगवान गौतम बुद्ध के लिए अयोध्या तीर्थ उनके प्रिय स्थलों में रहा है, जहाँ उन्होंने कई वर्षों तक वर्षावास (बारिश के मौसम में प्रवास) किया था। यह उल्लेखनीय है कि अयोध्या की यह भूमि गरक वंश की पूर्वज राजकुमारी हो (सूर्यरत्ना) की है, जिनसे कोरिया में गरक राजवंश की स्थापना हुई। अयोध्या की यह राजकुमारी (रानी हह) मिथकों और जनश्रुतियों के अनुसार दो हज़ार वर्ष पूर्व समुद्र मार्ग से दक्षिण कोरिया पहुँची और वहाँ के तत्कालीन शासक राजा सूरो की रानी हुईं, जो बौद्ध धर्म के अनुयायी थे।

आज हम अयोध्यावासी और दक्षिण कोरियाई लोग आपसी सौहार्द और सामंजस्य के रूप में इस रिश्ते को अन्तर्राष्ट्रीय स्तर पर प्रतिवर्ष अयोध्या नगरी में सांस्कृतिक रूप से मनाते हैं। अयोध्या में सरयू नदी के तट पर स्थित नयाघाट के निकट राजकुमारी हो और राजा सूरो की स्मृति में कोरियाई स्मारक स्थल की स्थापना दो दशक पूर्व हुई है। अयोध्या के लिए अंतर्राष्ट्रीय स्तर पर सामाजिक-सांस्कृतिक विनिमय का यह एक ऐतिहासिक साक्ष्य है।

निर्माणाधीन भव्य कोरियाई पार्क

आभार

अयोध्या पर इस ग्रन्थ निर्माण में जिन महानुभावों के परामर्श, सहयोग और उपस्थिति से परिष्कार आया, उनके प्रति हृदय से आभारी हूँ। अयोध्या तथा बाहर के उन सम्मानित मित्रों और सहयोगियों को धन्यवाद देता हूँ, जिनके जुड़ाव के बग़ैर यह काम असम्भव था। इनमें विशेष रूप से आदरपूर्वक प्रणाम करता हूँ-

पद्मविभूषण श्रीमती सोनल मानसिंह, सांसद-राज्यसभा, पद्मश्री मालिनी अवस्थी, श्रीमती माधुरी सहस्रबुद्धे, श्री उदय भवालकर, श्री मुकेश कुमार मेश्राम-प्रमुख सचिव संस्कृति एवं पर्यटन, अध्यक्ष अयोध्या शोध संस्थान, श्री अनुज कुमार झा-जिलाधिकारी, अयोध्या, जगद्गुरु रामानुजाचार्य स्वामी श्री राघवाचार्य-रामलला सदन, रामकोट, महान्त श्री गिरीशपति त्रिपाठी-तिवारी मन्दिर, आचार्य श्री मिथिलेशनन्दिनीशरण-अनादिपंचमुखी महादेव, गोप्रतार घाट, आचार्य श्री आदित्य नारायण मिश्र, इच्छा भवन, श्री द्विजेन्द्र नारायण मिश्र-पुरोहित, इच्छा भवन, श्री तेजपाल दास-अर्चक, चरण पादुका मन्दिर, हनुमानगढ़ी अयोध्या, श्री पंकज पाण्डेय-पुलिस अधीक्षक सुरक्षा, श्रीरामजन्मभूमि, श्री मानव प्रकाश, श्री दिवाकर भट्टाचार्य, सुश्री अनुराधा गोयल- इंडीटेल्स, श्री अमितेश शुक्ल तथा डॉ. अपर्णा मिश्र।

पुस्तक के सामग्री संचयन, फोटोग्रॉफी, कला-सज्जा, टाइप सेटिंग तथा अन्यान्य विभागों में सहयोग के लिए विशेष रूप से श्री कौशलेन्द्र कुमार शर्मा, सहायक अध्यापक (बेसिक शिक्षा परिषद) तथा श्री शुऐब शाहिद, परवाज़ क्रिएशंस, नयी दिल्ली का आभार व्यक्त करता हूँ। छायाचित्रों को उपलब्ध कराने में जिनका सहयोग मिला, उनमें श्री ललित राजोरा, आगरा, श्री रिंकू ख़ान समेत अपने ढेरों मित्रों का धन्यवाद करता हूँ। यह एक सामूहिक प्रयास के तहत संजोया गया आधुनिक 'अयोध्या माहात्म्य' भी है, जिनमें श्री अक्षय कुमार अग्रहरि-नीलम डिजिटल स्टूडियो, श्री पवन कुमार-कनक भवन, श्री राहुल चौधरी 'नील', नयी दिल्ली, श्री मिथिला बिहारी दास-मधुकरी सन्त, अयोध्या, श्री आशुतोष शुक्ल, सुश्री मंजरी मिश्र तथा सुश्री शुभांगी मिश्र चित्रों को सहृदयता से उपलब्ध कराने के लिए शामिल रहे हैं। अयोध्या की परम्पराओं की दुर्लभ तस्वीरों तथा उनके विवरणों को सुलभ कराने में यहाँ के विभिन्न मठ-मन्दिरों तथा संस्थानों के महानुभावों ने भी तन्मयता से जुटकर इस सारस्वत आयोजन को सफल बनाया है। उन सभी का आभारी हूँ। इस ग्रन्थ में बहुत सारे दुर्लभ ऐतिहासिक चित्रों का भी प्रयोग किया गया है, जो विभिन्न माध्यमों से मुझे समय-समय पर प्राप्त होते रहे हैं। उन सभी का उपयोग मेरे निजी संग्रह से किया गया है।

हमेशा मेरे कार्य को व्यवस्थित और सुगम बनाने में सहयोग के लिए अपने कार्यालय के सहयोगियों श्री अश्वनी शुक्ल तथा श्री अजय पाठक का हृदय से धन्यवाद करता हूँ। वाणी प्रकाशन के श्री अरुण माहेश्वरी के साथ इस बात पर कई बार विचार हुआ कि अयोध्या की सांस्कृतिक पहचान को रेखांकित करने वाली कोई किताब या सन्दर्भ ग्रन्थ आजतक प्रकाशित नहीं हुई है। अतः आपको यह ग्रन्थ इस रूप में प्रस्तुत करने के पीछे अरुण जी के साथ बनी योजना का विशेष अभिप्राय है। इस शोधपूर्ण, कलात्मक सज्जा से परिपूर्ण सन्दर्भ-ग्रन्थ को भव्यता और सुन्दर कलेवर के साथ प्रकाशित करने के लिए वाणी प्रकाशन, नयी दिल्ली तथा अयोध्या शोध संस्थान, उत्तर प्रदेश का विशेष आभार। श्री अरुण माहेश्वरी, श्रीमती अदिति माहेश्वरी गोयल तथा श्री लवकुश द्विवेदी का धन्यवाद, जिन्होंने इस योजना को क्रियान्वित करने में हर सम्भव सहायता प्रदान की।

अयोध्या के सभी सम्मानित स्थानों के परम्परावाहकों, व्यवस्थापकों, पदाधिकारियों तथा अन्तःवासियों के प्रति आभार और धन्यवाद....

- यतीन्द्र मिश्र